Vuelve a Descubrir a Jesús

UNA INVITACIÓN

MATTHEW KELLY

TRADUCCION POR VILMA G. ESTENGER, PH.D

Vuelve a Descubrir a Jesús

[1]

"Vengan a mí
Los que van cansados, llevando pesadas cargas,
y yo los aliviaré".
JESÚS DE NAZARET

Mateo 11:28

"Toda persona que está en Cristo es una creación nueva".
EL APÓSTOL PABLO

2 Corintios 5:17

"Pidan y se les dará,
busquen y hallarán,
llamen a la puerta y les abrirán".
JESÚS DE NAZARET

Lucas 11:9

Índice de Materias

¿Eres Tú Jesús?

NUESTRO DIOS ES UN DIOS DE SORPRESAS.

Era la reunión más grande de la vida de Pablo, y había ido bien. No podía esperar para contarles a su esposa y a su jefe. Al salir apresuradamente del edificio de la oficina de Brooklyn con el resto del equipo, notaron un automóvil de alquiler vacío – algo extraño durante la hora pico.

Ansiosos por llegar al aeropuerto para tomar su vuelo de regreso al hogar, corrieron hacia el automóvil de alquiler, gritando para atraer la atención del chofer. Pero al cruzar la acera, sin querer, tumbaron un puestecito de vegetales y frutas. El resto del equipo parecía estar ajeno a lo que había pasado hasta que Pablo se detuvo y dio la vuelta para regresar.

Los otros ya estaban junto al automóvil de alquiler, y desde allí llamaron a Pablo, "Ven , vas a perder tu vuelo."

"Sigan sin mí", respondió Pablo cruzando la calle hacia la acera cubierta de vegetales y frutas. En ese momento, se dio cuenta de que la mujer que había estado detrás del puestecito era ciega. Ella estaba parada allí llorando suavemente con lágrimas rodando por su rostro.

"Está bien, está bien", le dijo Pablo arrodillándose para recoger las frutas y los vegetales. Unas cien personas pasaban en ambas direcciones, pero nadie más se detuvo para ayudar. Simplemente caminaban apresuradamente hacia donde estaban yendo

Cuando la fruta y los vegetales estaban sobre el mostrador, Pablo empezó a organizarlos cuidadosamente, separando lo que se había echado a perder. Entonces, se volvió hacia la mujer y le preguntó, "Está usted bien?" Ella asintió con la cabeza a través de sus lágrimas. El tomó su billetera, sacó unos billetes y se los dio a la mujer, diciendo "Este dinero debe cubrir los daños."

Después, Pablo se alejó caminando.

"Señor", lo llamó la mujer. Pablo se detuvo y dio la vuelta. "¿Es usted Jesús?"

"Oh, no," contestó él.

La mujer hizo un gesto y continuó, "Sólo pregunté, porque recé para que Jesús me ayudara cuando oí que mis frutas se caían sobre la acera".

Pablo dio la vuelta de nuevo para irse, pero ahora sus ojos empezaron a llenarse de lágrimas.

Por largo tiempo dio vueltas buscando un automóvil de alquiler. Cuando finalmente encontró uno, se vio en medio de mucho tráfico en el que el automóvil avanzó lentamente todo el camino hacia el aeropuerto. Perdió su vuelo y, como era Viernes por la noche, todos los otros vuelos estaban llenos.

Pablo pasó la noche en un hotel cerca del aeropuerto. Esto le dio tiempo para pensar. No pudo sacar una pregunta de su cabeza; ¿Cuándo fue la última vez que alguien te confundió con Jesús?

PUNTO PARA REFLEXIONAR: Jesús quiere que tú sigas su obra.

VERSÍCULO PARA VIVIR: "Busca el reino de Dios y su justicia" MATEO 6:33

PREGUNTA PARA MEDITAR: ¿Cuán puramente ocupada es tu vida que te impide vivir la vida que Dios te está llamando a llevar?

ORACIÓN: Jesús, dame el valor para bajar mi guardia.

Pensamientos Iniciales

EL MEJOR MOMENTO PARA VOLVER A descubrir a Jesús es ahora mismo. Estás sujetando este libro en tus manos por una razón. No sé qué tiene Dios reservado para ti, pero estoy entusiasmado por ti.

Hay algunas preguntas que todos nos hacemos de distintas maneras: ¿Quién soy? ¿Quién es Dios? ¿Para qué estoy aquí? ¿Qué es lo más importante? ¿Qué es lo menos importante? ¿Cuáles son mis talentos y habilidades únicos? ¿Cuál será mi contribución? ¿Qué pasa cuando morimos?

Constantemente, estamos forcejeando con estas preguntas. Jesús es el amigo asombroso que va a ayudarte a responderlas. Jesús es el amigo asombroso que va a ayudarte a vivir las respuestas cuando las encuentres. Jesús es el amigo asombroso que va a estar a tu lado a través de todo eso.

Sin aún no tienes esta clase de relación con Jesús, sólo te pido que te mantengas abierto a la posibilidad. El quiere tener una relación dinámica contigo.

Hay dos maneras de experimentar este libro: La primera es como cualquier otro libro: Leerlo desde el principio hasta el fin. La otra manera es usar este libro como una guía para una jornada espiritual de cuarenta días, leyendo un capitulo cada día. Esta segunda manera es una manera perfecta para empezar (o nutrir) un hábito de oración diaria.

Al final de cada capítulo encontrarás un Punto para Reflexionar, un Versículo para Vivir, una Pregunta para Meditar, y una breve Oración. Están designados para ayudarte a integrar en tu vida lo que aprendas en cada capítulo.

Mas este libro no se trata de palabras en la página. Se trata de un encuentro. Mi profunda ansiedad es que facilite un encuentro impactante entre tú y Jesús, porque estemos conscientes o no, lo que tú y yo necesitamos más que cualquier otra cosa es encontrar a Jesús. Sea lo que sea que esté pasando en tu vida en este momento, nada es más importante que encontrarlo de nuevo.

Algunos libros nos encuentran justamente en el momento correcto en nuestra vida, y esos libros cambian nuestra vida para siempre. Espero que éste sea esa clase de libro para ti.

UNO

Nuevos Comienzos

A DIOS LE ENCANTAN LOS NUEVOS COMIENZOS.

¿Sientes alguna vez que necesitas un nuevo comienzo? Eso es, exactamente, lo que yo estaba sintiendo no hace mucho tiempo. Estaba cansado y frustrado, un poco desorientado espiritualmente, disgustado con algunas de las cosas que están pasando en el mundo y en la Iglesia, y distraído por tantas situaciones sobre las que no podía hacer absolutamente nada.

Probablemente necesitaba decir la Oración de la Serenidad unas mil veces.

Dios, concédeme serenidad
para aceptar las cosas que no puedo cambiar;
valor para cambiar las que puedo cambiar;
y sabiduría para saber la diferencia.

Pero no tenía ánimo para hacer siquiera eso.

Al principio, simplemente ignoré todos estos sentimientos y traté de mantenerme ocupado. Mas ignorar las cosas no las hace desaparecer, Tomó un tiempo; pero, finalmente me di cuenta de que necesitaba un nuevo comienzo.

Una de las cosas que me encanta sobre nuestra fe es que nuestro Dios es un Dios de segundas oportunidades, y nuevos comienzos.

Me encantan los Lunes, porque cada Lunes volvemos a empezar – ¡es un nuevo comienzo! Dios nos da el Lunes, el Día de Año Nuevo, y cumpleaños, y cada uno representa una nueva bendición y un nuevo comienzo.

En la Biblia leemos estas historias épicas de las maneras increíbles en que Dios transforma a personas y su vida. Moisés, Noé, Jonás, Jeremías, David. José, María, Pedro, Santiago, Mateo, Zaqueo, Pablo, Lidia, María Magdalena, la mujer del pozo, y a tantos otros cuyos nombres no conocemos. ¿Por qué no a ti y a mí? ¿Por qué no ahora?

Dios siempre está sirviéndonos. Algunas veces pensamos que nosotros estamos sirviéndolo a El, pero eso nunca es cierto.

¿Qué está pasando en tu vida en este momento? ¿Qué no está funcionando en tu vida? ¿Con qué gran pregunta estás forcejeando en tu corazón? ¿Por qué tomaste este libro? ¿También necesitas un nuevo comienzo?

En cualquier momento que llego a un lugar en mi vida en el que las cosas no tienen sentido, siempre parece que necesito volver a descubrir a Jesús.

Jesús es el nuevo comienzo supremo.

PUNTO PARA REFLEXIONAR: Nunca es demasiado tarde para empezar de nuevo.

VERSÍCULO PARA VIVIR: "Pidan y se les dará; busquen y hallarán; llamen y se les abrirá la puerta". MATEO 7:7

PREGUNTA PARA MEDITAR: ¿En qué área de tu vida está Dios invitándote a experimentar un nuevo comienzo?

ORACIÓN: Jesús, ayúdame a creer que un nuevo comienzo es posible.

DOS

Llegando a Conocer a Jesús

DIOS PADRE QUIERE QUE CONOZCAMOS a Su Hijo.

¿Cuán bien conoces a Jesús? Yo pienso en esto con frecuencia, y siempre llego a la misma conclusión: No lo conozco siquiera cerca de lo bien que me gustaría conocerlo. El deseo está ahí, pero la vida se interpone. Hay momentos en que parece que estoy progresando mucho, y otros en los que me pregunto si siquiera lo conozco algo.

Mas siempre llego de nuevo a la misma idea que me inspira y me persigue: Si hay una persona que debemos llegar a conocer de una manera profundamente personal, es Jesús – el carpintero de Nazaret, el predicador itinerante, el Hijo de Dios, el Rey de Reyes, y el Señor de Señores, el Cordero de Dios, el nuevo Adán, el Mesías, el alfa y la omega, la luz del mundo, el Dios-hombre que quiere cosas buenas para nosotros más de lo que nosotros las queremos para nosotros mismos, el sanador de nuestra alma.

¿Cuán bien lo conoces? Date una puntuación del uno al diez ahora mismo. Por supuesto es algo difícil de medir, pero tú s sabes si eres un dos o un ocho. No sabrás si eres un 6.453, pero tienes una sensación de dónde estás en el espectro.

Piensa en todas las personas que hay en tu vida. Tienes a tu familia inmediata y a tu familia extensa y a tus amigos más cercanos. Después hay personas con las que pasas mucho tiempo simplemente porque su vida coincide – no necesariamente porque lo has escogido así, sino a consecuencia del trabajo, la escuela, o las actividades de tus hijos. También tienes conocidos – personas que conoces sólo un poquito, a quienes por casualidad o porque así lo has escogido nunca has llegado a conocer realmente. Y, por supuesto, hay personas que simplemente se cruzan en tu camino – extraños.

¿Dónde cabe Jesús en el espectro de personas en tu vida?

Yo no conozco a Jesús siquiera aproximadamente tan bien como debía, y mi relación con Él no es aproximadamente tan dinámica como me gustaría que fuera. Y lo que me inquieta es que algunas veces pienso que conozco a personas en la periferia de mi vida mejor que lo que conozco a Jesús.

Prueba esto: Toma un papel y escribe todo lo que sabes acerca de Jesús. Todo. Te sorprenderás al ver cuán rápidamente no tienes nada más que escribir. Yo me sorprendí.

Considera esto: ¿Cómo le describirías a Jesús a alguien que no sabe nada de Él?

Probablemente le contarías la historia – mas ¿cuán bien conoces la historia de Jesucristo? Es la historia más impactante que se haya contado jamás. Pero pierde su poder cuando la damos por sentado. Pierde su poder cuando nos volvemos tan familiarizados con ella que dejamos de oírla como parte de nuestra propia historia. Cuando nos sacamos de la historia de Jesucristo nos volvemos inmunes al mensaje cambiante de vida del Evangelio y nos convertimos en esclavos del mundo.

Es hora de volver a descubrir a Jesús.

¿Alguna vez has conocido a alguien y has descubierto que no era como habías pensado que sería? Antes de conocerlo, sabías de él. Pero *saber sobre* alguien no es lo mismo que *conocer* a alguien.

Cuando hago el esfuerzo de volver a descubrir a Jesús, El me sorprende. Desbarata los estereotipos, revela posibilidades no consideradas, reorganiza mis prioridades, me libera del caos del mundo, me recuerda lo que es más importante y lo que es menos importante, y pone verdadero orden en mi vida.

Jesús me llena con la alegría que viene de saber que nuestro Padre en el Cielo tiene, en efecto, un plan – aún cuando estoy demasiado ciego para verlo, demasiado arrogante para confiar, o demasiado tonto para rendirme a El.

Sí, pienso que es hora de que vuelva a descubrir a Jesús y quiero invitarte a que te unas a mí.

¿Quién es Jesús? Es una invitación. Hay tantas maneras de responder esa pregunta, pero de una manera sencilla y hermosa Jesús es la invitación de Dios a vivir una vida increíblemente abundante y satisfactoria.

PUNTO PARA REFLEXIONAR: Jesús quiere tener una relación profunda, dinámica, y personal contigo.

VERSÍCULO PARA VIVIR: "Yo soy el Buen Pastor." JUAN 10:11

PREGUNTA PARA MEDITAR: ¿Cuán bien conoces verdaderamente a Jesús?

ORACIÓN: Jesús, abre mi corazón y mi mente para que pueda llegar a conocerte como Tú realmente eres.

Nota: En este libro, la palabra Evangelio *se usa de diferentes maneras. En general, se usa refiriéndose a las enseñanzas de Jesús. En ocasiones se usa más específicamente refiriéndose a uno de los cuatro primeros libros del Nuevo Testamento – Mateo, Marcos, Lucas, y Juan. Cuando se usa el plural,* Evangelios, *siempre se refiere a los cuatro primeros libros del Nuevo Testamento.*

TRES

Una Invitación

UNA BUENA INVITACIÓN NOS LLENA DE ALEGRÍA.

Se han escrito más libros sobre Jesús que sobre otra persona o sujeto en la historia. Este libro que estás sujetando no es un libro con todas las respuestas. Simplemente es un punto de partida sencillo, alcanzable, digerible para cualquiera que comparta mis ansias de volver a descubrir a Jesús. También es una invitación.

Proporciona una gran alegría descubrir algo (o a alguien) por primera vez. También proporciona una inmensa alegría volver a descubrir algo (o a alguien). Cuando llego a mi hogar de un viaje, ya sea que haya estado fuera dos días o dos semanas, tengo la alegría de volver a descubrir a mi esposa y a mis hijos.

Volver a descubrir es algo hermoso. Es hora de volver a descubrir a Jesús – no sólo por nuestro propio bien, sino por nuestros hijos y por sus hijos, por el bien de nuestras comunidades eclesiales locales , por la sociedad en general, y por toda la humanidad.

Mira alrededor. El mundo está forcejeando constantemente con crisis y guerra. La gente está harta de la disfunción de su propia vida. El caos está clamando por orden. La complejidad está clamando por simplicidad. En todos los niveles de la sociedad, desde el mendigo en la calle hasta los líderes de naciones, estamos buscando algo para resolver la crisis de nuestra vida y de nuestro tiempo.

Es hora de dejar de buscar algo y empezar a buscar a alguien – Jesús de Nazaret. Por más de dos mil años El ha estado realizando milagros en la vida de hombres y mujeres corrientes. Ahora quiere realizar milagros en ti y por medio de ti.

¿Estás listo?

PUNTO PARA REFLEXIONAR: : Es hora de detenerlo todo. Haz una breve pausa, y considera la invitación de Dios.

VERSÍCULO PARA VIVIR: "Yo he venido para que tengan vida y la tengan en plenitud." JUAN 10:10

PREGUNTA PARA MEDITAR: ¿Qué área de tu vida se beneficiará más aceptando la invitación de Dios a volver a descubrir a Jesús?

ORACIÓN: Jesús, gracias por todas las veces que me has invitado a volver a descubrirte y a volver a descubrir Tu mensaje. Ayúdame a no desperdiciar esta oportunidad.

CUATRO

La Pregunta de Jesús

LA VIDA ESTÁ LLENA DE PREGUNTAS.

Algunas son grandes y otras pequeñas. Algunas son esenciales y otras triviales. Algunas de las preguntas de la vida son curiosidades pasajeras sobre las que reflexionamos una vez y nunca volvemos a ellas, pero otras proveen los temas de nuestra vida. Estas preguntas perdurables se encuentran en el corazón de todo lo que pasa en nosotros y a nuestro alrededor. De muchas maneras, las preguntas que hacemos sobre nosotros, sobre otros y sobre la sociedad definen en quién nos convertiremos.

Hay una pregunta que todos tenemos que responder en última instancia. Yo la llamo la pregunta de Jesús. Algunas personas van en busca de ella, persiguiéndola con el alegre abandono de un niño en una cacería de tesoros. Otras pasan toda su vida evitándola. Algunas personas tratan de ir hacia ella calladamente en puntillas, mientras que otras avanzan hacia ella con fuertes pisadas sin tener siquiera una onza de la humildad y la reverencia que se requiere para sentarse cuidadosamente con ella. A algunas personas la pregunta les salta encima inesperadamente un día en medio de sus asuntos diarios. Algunas personas descubren la pregunta por medio de la infrecuente amistad de alguien que los presenta al Jesús que siempre han conocido pero nunca de una manera verdadera. Para otras una tragedia deja caer la pregunta en el umbral de su vida.

Algunas veces llenamos nuestra vida de ruido y ocupaciones para evitar la pregunta de Jesús, mas cuando el ruido disminuye finalmente y las ocupaciones se alivian, la pregunta todavía está ahí. Espera pacientemente ser considerada y respondida.

Hay algunas personas que citan la respuesta de otro, pero la respuesta de otra persona es profundamente insuficiente. Cada uno de nosotros necesita su propia respuesta a la pregunta de Jesús. Es una pregunta profundamente personal que requiere una respuesta profundamente personal.

Sospecho que la forma en que tratemos esta pregunta en particular dice mucho acerca de quiénes somos y qué valoramos. Estoy seguro que tiene que ver con la naturaleza y la crianza o educación, Además están las tendencias, los prejuicios y los puntos débiles que llevamos con nosotros como resultado de pasadas experiencias de toda una vida. Y, por supuesto, están los temores y las ambiciones que con tanta frecuencia dejamos que gobiernen nuestra vida. Mas este tipo de análisis también puede convertirse en una forma de evadir la pregunta misma.

La pregunta en sí es como Jesús. Estén de acuerdo con El o no. Glorifíquenlo o vilipéndienlo. Síganlo o recházenlo. Lo único que no pueden hacer cuando se trata de Jesús es ignorarlo. El es ineludible e inevitable. Sus huellas están en todas partes. El cambió el mundo – de algunas maneras que la mayoría de las personas están conscientes de ellas, y de incontables maneras que la persona promedio simplemente nunca ha considerado.

Trata todo lo que puedas, no te puedes escapar de El. Jesús es el amigo ineludible que siempre sólo quiere tu mayor bien. El quiere para ti todo lo que es bueno y deseable más de lo que tú quieres estas cosas buenas para ti. No importa cuán rudo seas con El; El esperará pacientemente, hasta que te rindas a la sabiduría requerida para profundizar en la pregunta de Jesús.

La pregunta de Jesús está aquí para quedarse, no sólo para los cristianos, sino para todos los hombres y mujeres de buena voluntad – y hasta para hombres y mujeres de mala voluntad. Pueden tratar de ignorarla o de eludirla, o descartarla, pero al final, todos tienen que responder la pregunta de Jesús.

•• ● ••

Si estuviéramos discutiendo estas cosas tomándonos una taza de café, probablemente ya habrías querido interrumpir y preguntar, "Bueno, ¿cuál es la pregunta de Jesús?"

Hace varios años, estaba en Israel con un grupo de peregrinos, caminando donde Jesús caminó. El segundo día de nuestro viaje nos encontramos en las ruinas en Caesarea Philippi (Cesarea de Filipo). El nombre de nuestro guía era Nedal. El era culto y sabio. Conocía la región y la historia, y uno se podía dar cuenta de que para él era algo personal. Ese día, su enseñanza me extasió. Hizo que la siguiente historia del Evangelio de Mateo cobrara vida, y desde entonces yo he estado considerándola de una manera nueva.

Jesús iba caminando con Sus discípulos en el distrito de Caesarea Philippi (Cesarea de Filipo) cuando les hizo dos preguntas. La primera pregunta fue: "Según el parecer de la gente, ¿quién es este Hijo del Hombre?" Los discípulos respondieron, "Unos dicen que eres Juan el Bautista, otros que eres Elías, o Jeremías, o alguno de los profetas". (Mateo 16:13-20)

La segunda pregunta que hizo Jesús fue: "Y ustedes, ¿quién dicen que soy yo?"

Esta es la pregunta de Jesús. ¿Quién dices *tú* que es Jesús? No ¿quién tus padres o maestros, esposa o esposo, pastor, o amigos dicen que es Jesús, sino quién dices tú que es El? Esta es la pregunta de Jesús. Esta es la pregunta ineludible sobre el inevitable Jesús. Más tarde o más temprano, cada uno de nosotros tiene que proclamarse a sí mismo quién piensa que Jesús es.

Al leer este pasaje e imaginar a los discípulos reunidos alrededor de Jesús al hacer El estas preguntas, tengo la sensación de que los discípulos estaban un poco dudosos. Quizás estaban mirándose unos a otros preguntándose si éstas eran preguntas con trampa. Ellos eran muy humanos y me los imagino diciendo juguetonamente, "¡Toma ésta, Pedro!"

Pedro tiene muchos aspectos, al igual que todos nosotros. Pero el líder en Pedro reconoció la importancia de ese momento, y saltó y dijo "¡Tú eres el Mesías, el Hijo del Dios vivo!"

Si Jesús se presentara en tu iglesia este Domingo, se parara delante de todos y dijera, "¿Quién dice la gente que soy yo hoy?" ¿Qué le dirían?

Nuestra cultura parece intentar colocar a Jesús en la misma categoría que Santa Claus y el Conejito de la Pascua. Mas Jesús no es un producto de la imaginación cristiana. Vivió en un lugar y en un tiempo; caminó en la Tierra como tú y yo lo hacemos hoy. La evidencia histórica de Jesús es irrefutable. Los récords y los escritos cristianos son más exhaustivos que cualquier otro texto antiguo. Los historiadores judíos establecieron claramente a Jesús en la historia, y los principales historiadores seculares de Su tiempo también lo reconocieron.

También hay un creciente número de personas que quiere reducir a Jesús a un buen hombre simplemente. No *el* buen hombre o siquiera el *mejor* hombre, sino uno de muchos hombres buenos. Como resultado de esta manera de pensar, hay muchas personas que quieren reducir la esencia del cristianismo a ser una buena persona simplemente.

Desde el tiempo de Jesús, un sin número de personas y culturas han encontrado un sin número de maneras para disminuir a quien El fue y lo que eso significa para la humanidad, para la historia y para cada uno de nosotros individualmente. Nuestro tiempo no es único o diferente en este sentido.

Las otras religiones importantes del mundo creen que Jesús fue un gran maestro o un gran profeta. Es interesante e importante notar primero que no niegan Su existencia o el hecho que El vivió y caminó en la Tierra en cierto momento en un lugar particular.

Mas Jesús no aseguró ser un gran maestro o un gran profeta. ¿Quién aseguró Jesús que era?

PUNTO PARA REFLEXIONAR: En este momento tienes una increíble oportunidad para llegar a conocer mejor a Jesús.

VERSÍCULO PARA VIVIR: "Yo doy testimonio de la verdad, y para esto he nacido y he venido al mundo. Todo el que está del lado de la verdad escucha mi voz". JUAN 18:37

PREGUNTA PARA MEDITAR: ¿Has explorado realmente la pregunta de Jesús alguna vez?

ORACIÓN: Jesús, enséñame a nunca dejar de buscarte. Ayúdame a buscarte en toda relación, en todo lugar, y en toda situación.

CINCO

El Reclamo de Dios

LA EVIDENCIA ES ABRUMADORA E INSPIRADORA.
Jesús tenía más claridad sobre Su identidad que cualquier otra persona en la historia. El estaba claro acerca de quién era y quién no era. Algunos querían que fuera un líder político o un revolucionario militar, pero El rehusó. Otros querían que fuera un salvador económico, pero El rehusó. Muchos trataron de usarlo para su beneficio personal, pero El los evadió constantemente.

De modo que tal vez merezca explorar quién creyó Jesús que era, preguntando: ¿Que dijo Jesús sobre Sí mismo?

A través de los Evangelios, directa e indirectamente, Jesús dijo que era Dios. En los Evangelios, se refirió a sí mismo ochenta veces como el "Hijo del Hombre". Era Su nombre favorito. ¿Que significa? ¿Cuál es la importancia? El profeta Daniel escribió: "Mientras seguía contemplando esas visiones nocturnas, vi algo como un hijo de hombre que venía sobre las nubes del cielo; se dirigió hacia el anciano y lo llevaron a su presencia. Se le dio el poder, la gloria y la realeza, y todos los pueblos, naciones y lenguas lo sirvieron. Su poder es el poder eterno que nunca pasará; su reino no será destruido". (Daniel 7:13-14)

Así que cuando Jesús dijo, "Yo soy el Hijo del Hombre", estaba diciendo:

Yo soy aquél de quien Daniel habló Tengo dominio, gloria y realeza.... Toda nación me rendirá culto .... Personas de toda lengua me servirán....Mi dominio es divino. El dominio mundano puede ser quitado, pero mi dominio no es mundano y no pueden quitármelo....Mi realeza es divina. Los reyes de este mundo pueden ser asesinados y depuestos, su realeza y sus reinos pueden ser destruidos, pero mi realeza es inseparable de quien yo soy. No puede ser tomada o transferida a nadie más....Yo soy aquél que ustedes estaban esperando.

Cuando ustedes y yo leamos este pasaje hoy, perderemos mucho del significado, pero no lo perdió el pueblo judío del tiempo de Jesús – ni tampoco lo perdieron sus líderes religiosos. No estaban confundidos acerca de lo que Jesús estaba reclamando. Es por eso que lo acusaron de blasfemia. Es por eso que trataron de matarlo a pedradas, porque ese era el castigo para la blasfemia, Jesús reclamó ser Dios.

Cuando Jesús dijo "Yo soy el Hijo del Hombre" estaba hablando en su idioma. Ellos sabían exactamente lo que estaba diciendo. Estaba diciéndoles: 'Yo soy el Mesías. Yo soy el legítimo heredero del trono divino. Las naciones me rendirán culto y yo gobernaré para siempre. Mi reino es intocable e incontenible.

Esto es lo que Jesús tenía que decir sobre Sí mismo. Una y otra vez a través de los Evangelios demostró Su divinidad con palabras y acciones. Indirectamente afirmó Su divinidad en docenas de maneras para ayudar a la gente de Su tiempo a conectar los puntos entre lo que estaba haciendo y diciendo y lo que los profetas habían estado diciendo sobre el tan esperado Mesías por miles de años.

Jesús demostró que tenía control sobre la naturaleza.

"Entonces se levantó, dio una orden al viento y al mar, y todo volvió a la más completa calma". ..."¿Quién es éste, que hasta los vientos y el mar le obedecen?" (Mateo 8:26-27)

Cuando Jesús demostró Su control sobre la naturaleza, claramente significó Su divinidad. Mas también vemos que hasta durante Su tiempo las personas estaban forcejeando con la pregunta de Jesús al preguntar: ¿Quién es éste?"

Jesús aseguró que podía perdonar los pecados.

"Jesús volvió a la barca cruzó de nuevo el lago y vino a su ciudad. Allí le llevaron a un paralítico, tendido en una camilla. Al ver Jesús la fe de estos hombres, dijo al paralítico: ¡ánimo, hijo: tus pecados quedan perdonados". (Mateo 9:1-2)

Jesús lleva el orden a todo. Las personas estaban confundidas a cerca de las necesidades físicas del paralítico, pero Jesús dijo esencialmente, necesitas perdón más que sanación física.

Algunos maestros de la ley pensaron: "¡Qué manera de burlarse de Dios!". Pero Jesús, que conocía sus pensamientos, les dijo: "Por qué piensan mal? ¿Qué es más fácil: decir "Quedan perdonados tus pecados" o "Levántate y anda"? Sepan, pues, que el Hijo del Hombre tiene autoridad en la tierra para perdonar pecados". Entonces, dijo al paralítico: "Levántate, toma tu camilla y vete a casa". Y el paralítico se levantó y se fue a su casa. La gente, al ver esto, quedó muy impresionada..." (Mateo 9:3-8)

Solamente Dios puede perdonar los pecados. Reclamando Su autoridad para perdonar los pecados, Jesús estaba asegurando otra vez ser Dios. En esta situación respaldó su reclamación haciendo caminar al paralitico.

Noten la reacción de la gente. Estaban impresionadas. ¿Cuándo fue la última vez que Jesús te impresionó? ¿Por qué ya no dejamos que Jesús nos impresione? ¿Se ha endurecido demasiado nuestro corazón? Nos hemos vuelto demasiado cínicos? Nos hemos vuelto tan familiarizados con los actos increíbles de la vida de Jesús que ya no nos impresionan?

Jesús reclama ser el Señor del Sábado.

"El sábado ha sido hecho para el hombre, y no el hombre para el sábado. Sepan, pues, que el Hijo del Hombre también es dueño del Sábado". (Marcos 2:27-28)

Puede ser que en los tiempos modernos leamos esto y no captemos el significado, pero el Sábado era el centro de la vida y de las costumbres de los judíos. Era sagrado. No olviden que guardar el Sábado es el tercer Mandamiento. ¿Quién es el autor de los Diez Mandamientos? Dios. Dios es el Señor del Sábado. Así que reclamando autoridad sobre lo que estaba o no permitido el Sábado, Jesús estaba asegurando ser Dios.

Jesús demostró que tenía poder sobre la muerte.

> Cuando llegó Jesús, Lázaro llevaba ya cuatro días en el sepulcro.... Apenas Marta supo que Jesús llegaba, salió a su encuentro.... Marta dijo a Jesús: "Si hubieras estado aquí, mi hermano no habría muerto. Pero aún así. Yo sé que puedes pedir a Dios cualquier cosa, y Dios te la concederá". Jesús le dijo: "Tu hermano resucitará". Marta respondió: "Ya sé que será resucitado en la resurrección de los muertos". Le dijo Jesús: "Yo soy la resurrección y la vida. El que cree en mí, aunque muera vivirá. El que vive, el que cree en mí, no morirá para siempre.... Jesús, conmovido de nuevo en Su interior, se acercó al sepulcro....grito con fuerte voz: "¡Lázaro, sal fuera!". Y salió el muerto. (Juan 11: 17-44)

Noten que Marta creía que Jesús tenía el poder para prevenir la muerte de su hermano.

¿Cuándo fue la última vez que estuviste en un funeral? Imagina la escena si alguien entrara , abriera el ataúd, y le dijera al difunto, "¡Sal!"y el difunto se levantara y caminara. Imagina. Habría un completo pandemonio.

Jesús quiere que tu funeral sea también una resurrección.

El poder sobre la vida le pertenece a Dios. Demostrando que tenía poder sobre la vida, Jesús estaba mostrando Su divinidad. Esto fue demostrado de una manera impactante cuando resucitó a Lázaro de entre los muertos. La resurrección de Lázaro fue también un anuncio dramático del evento central sobre el cual pende todo el cristianismo: la Resurrección.

PUNTO PARA REFLEXIONAR: En los Evangelios, Jesús está hablándote a ti directamente.

VERSICULO PARA VIVIR: "Yo soy el Camino, y la Verdad, y la Vida". JUAN 14:6

PREGUNTA PARA MEDITAR: ¿Qué está impidiéndote creer en Jesús completamente?

ORACIÓN: Señor Jesús, confío en Ti.

SEIS

Hay Más

HAY MUCHÍSIMO MÁS.

Hay más respecto a Dios que lo que podemos imaginar o descubrir en esta vida. Hay más respecto a la vida que lo que la mayoría de nosotros se da cuenta en la mayoría de nuestra vida. Y hay muchísimo más respecto a Jesús que lo que puede estar contenido en este breve libro, por lo cual diré otra vez: Este libro es tan sólo el comienzo de una jornada que espero habrá de durar el resto de tu vida.

Ahora exploremos algo más de lo que Jesús reclama sobre Sí mismo.

Jesús asegura poder dar vida eterna.

"Mis ovejas escuchan mi voz y yo las conozco. Ellas me siguen, y yo les doy vida eterna. Nunca perecerán" (Juan 10:27–28)

/

Jesús mostró a las gentes cómo tener una vida más rica, más profunda, más significativa aquí en la Tierra. Pero también les recordó que hay más respecto a la experiencia humana que esta vida. Les indicó lo eterno. Muchas personas han hecho esto a través de la historia. Muchos líderes y maestros sabios han ayudado a las personas a experimentar la vida de una manera más profunda y les han señalado lo eterno. Pero Jesús dio un paso más allá, El aseguró poder darles vida eterna.

Jesús asegura ser el Mesías.

"De nuevo, el Sumo Sacerdote le preguntó: '¿Eres tú el Mesías, el Hijo de Dios Bendito?' Jesús respondió: 'Yo soy'" (Marcos 14:61-62)

¿Quién dijo Jesús que era El? Cuando exploramos esta pregunta no hay confusión. Una y otra vez, a lo largo de Su vida pública, Jesús aclaró que era el largamente esperado Mesías del que se habla en el Antiguo Testamento. Aclaró que era Dios.

Jesús asegura poder ver el futuro.

"Jesús tomó aparte a los Doce y les dijo: 'Estamos subiendo a Jerusalén y allí se va a cumplir todo lo que escribieron los profetas sobre el Hijo del Hombre: será entregado al poder extranjero; será burlado, maltratado y escupido; y después de azotarlo, lo matarán. Pero al tercer día resucitará'" (Lucas 18:31-33)

Una gran mente puede estudiar todos los ayeres de la historia, pero sólo Dios puede ver el futuro y predecir cada mañana. Con frecuencia, Jesús les habló a Sus discípulos de eventos futuros. Su conocimiento del futuro fue una demostración de Su divinidad.

Jesús asegura haber existido antes que el mundo.

"Ahora, Padre, dame junto a ti la misma Gloria que tenía a tu lado antes que comenzara el mundo" (Juan 17:5)

¿Quién creó el mundo? Lo creó Dios. Así que cuando Jesús asegura haber existido antes que el comienzo del mundo, estaba asegurando otra vez ser Dios. Una vez que empezamos a considerar realmente los reclamos de Jesús, el Evangelio se convierte en una letanía de historias que anuncian, "¡Jesús es Dios!"

Pero para cualquiera que no estuviera claro lo que estaba reclamando, Jesús removió toda duda cuando dijo, "Yo y el Padre somos una sola cosa"(Juan 10:30) y "El que me ve a mí ve al Padre: (Juan 14:9)

•●◆●•

Cuando se toma todo esto en consideración, es fácil ver cómo los primeros cristianos llegaron a la conclusión que Jesús era divino. Jesús dijo que era Dios, y presentó suficiente evidencia para respaldar Su reclamación. La siguiente generación de cristianos creyó basándose en el testimonio impactante de aquéllos que habían conocido a Jesús, que habían caminado con El, que lo habían escuchado enseñar, y que habían sido testigos de sus acciones increíbles. Este testimonio ha sido pasado de generación a generación; al principio, oralmente; después en la forma de manuscritos escritos a mano; y hoy día en los Evangelios que se encuentran en la Biblia.

Y quizás el más impactante y convincente testimonio es que once de los doce discípulos (todos excepto Juan) murieron antes que negar lo que sabían que era cierto sobre la vida, la muerte, y la resurrección de Jesús.

Aún cada uno de nosotros tiene que responder la pregunta de Jesús por sí mismo.

Pero estemos bien claros sobre algo. Si Jesús no es quien reclamó ser, es un mentiroso, pero no un mentiroso corriente – es el mentiroso más grande de la historia del mundo. Y si no es quien reclamó ser, perpetró el fraude más grande de la historia y cada iglesia que pasemos es un monumento a ese fraude.

¿Es realmente posible? ¿Qué clase de teoría de una conspiración se requeriría para convertir a Jesús en el mentiroso y defraudador más grande de la historia del mundo?

C. S. Lewis fue uno de los pensadores más claros del siglo veinte. En su libro *Mere Christianity / Mero Cristianismo* trató la pregunta de Jesús de manera indirecta al escribir:

Un hombre que fuera simplemente un hombre y dijera la clase de cosas que Jesús dijo no sería un gran maestro moral. Sería un lunático – al nivel del hombre que dice ser un huevo hervido – o el demonio del infierno. Tienen que tomar una decisión. Fue y es el Hijo de Dios o un loco o algo peor. Pueden desconectarse de El por tonto o caer a sus pies y llamarlo Señor y Dios. Pero no salgamos con una estupidez condescendiente acerca de que es un gran maestro humano. El no lo ha dejado abierto para nosotros.

No hay evidencia de que Jesús fuera un lunático. Si lo hubiera sido, sus enemigos hubieran podido desacreditarlo y callarlo. Si hubiera sido simplemente un lunático la crucifixión no hubiera sido necesaria.

Para aquéllos que profundizan en la pregunta con un corazón humilde, la evidencia es abrumadora, y más tarde o más temprano cada uno llega a la misma conclusión: Jesús es quien El reclamó ser.

Mas responder a la pregunta de Jesús no es fácil. ¿Es un mentiroso, un lunático, o Dios? Cada uno de nosotros tiene que llegar a su propia respuesta en su momento. Lo que otras personas digan puede ayudarnos a ser perspicaces, pero en última instancia tenemos que llegar a esa respuesta por nosotros mismos.

La pregunta de Jesús no es para ser tomada a la ligera. Hay mucho en juego – más de lo que podemos imaginar. Pero supongo que, en última instancia, se trata de decidir si creemos o no en Jesús.

PUNTO PARA REFLEXIONAR: *Saber acerca* de Jesús no es lo mismo que *conocer* a Jesús.

VERSÍCULO PARA VIVIR: "No sigan la corriente del mundo en que vivimos, sino más bien transfórmense a partir de una renovación interior. Así sabrán distinguir cuál es la voluntad de Dios, lo que es bueno, lo que le agrada, lo que es perfecto". ROMANOS 12:2

PREGUNTA PARA MEDITAR: ¿Tienes una razón realmente buena para no creer en la palabra de Jesús?

ORACIÓN: Jesús, yo creo. Ayúdame a que se me pasen mis dudas y mi falta de fe.

SIETE
La Tercera Pregunta

LA OPINIÓN DE DIOS ES LO QUE MÁS IMPORTA.
Ese día en Caesarea Philippi / Cesarea de Filipo, Jesús les preguntó a Sus seguidores, "¿Quién dice la gente que soy yo?" y "¿Quién dicen ustedes que soy yo?" Pero hay una tercera pregunta que no aparece en los textos sagrados del Evangelio, que no obstante merece nuestra consideración. Es una pregunta que también puede ayudarnos a comprender y responder la pregunta de Jesús.

La tercera pregunta es esta: ¿Quien dice Jesús que somos nosotros?

Jesús dice que nosotros somos hijos de Dios.

Hay pocas cosas más preciosas en este mundo que el amor de un padre consciente. El egoísmo y la debilidad humana privan a tantas personas de esta experiencia, pero cuando vemos la belleza de la verdadera paternidad, es, inequívocamente atractiva.

Un buen padre cuida a sus hijos. Hace todo lo que puede para darles a sus hijos lo que necesitan para vivir, aprender, crecer y prosperar. No les da todo lo que ellos piden, pondera cada petición. Y algunas veces les da cosas que no necesitan. Aún antes de que las pidan, sólo por verlos llenos de alegría. Un buen padre siempre quiere lo mejor para su hijo, y se sacrifica de mil maneras por su hijo.

Jesús dice que nosotros somos hijos de Dios. El vino para recordarnos el amor que Dios Padre nos tiene a todos y cada uno de nosotros.

La imagen de Dios a la que Jesús nos alentó a aferrarnos fue la de Dios como nuestro Padre (Mateo 6:9).

Siempre he creído que Dios me ama, No estoy seguro de cómo o por qué. Tal vez es porque siempre supe que mi propio padre me amaba. El quería lo mejor para mí. Eso nunca lo dudé. No siempre estuvimos de acuerdo, pero nunca, ni siquiera una vez pensé que estaba actuando egoístamente. El se preocupaba por mí, me protegía, e hizo sacrificios increíbles para que yo pudiera tener oportunidades que él nunca tuvo. Me consolaba en mis fracasos y se regocijaba conmigo en mis éxitos. Más que alguna otra cosa, mi padre se regocijaba tan sólo estando conmigo.

Hubo un tiempo en que pretendí no creer en Dios. Mi abuela había fallecido y estábamos en su casa después del funeral. Estaba sentado en los escalones del portal y mi papá salió y se sentó a mi lado. Le dije con voz airada y llorosa, "¡Ya no creo en Dios!" Mi papá no reaccionó de manera exagerada. Calmadamente, respondió "Está bien. Dios aún cree en ti".

Muchos años después, ser padre me ha cambiado de muchas maneras, y ha llevado mi espiritualidad a un nuevo nivel. En la noche, cuando acuesto a mis hijos, tenemos una rutina compuesta de varios rituales, uno especial para cada niño. Walter y yo hablamos sobre su día, vemos uno de los muchos videos de mis hijos que tengo en mi teléfono, después le leo un cuento, y finalmente tenemos un momento de oración. Isabel y yo hablamos de su día, tenemos un momento de cuentos y un momento de oración, y después bailamos lentamente mientras le canto. Harry aúlla riéndose cuando golpeo el libro para cerrarlo al final de la historia, pero entonces él quiere leer el mismo libro una y otra vez, Finalmente, le dice buenas noches a Jesús y le da un beso al retrato de Jesús que tiene en su cuarto. Todas las noches les digo, "No importa lo que pase, Papi siempre los ama. Y si alguna vez tienen un problema, vengan con Papi y Papi los ayudará a arreglarlo".

El amor que les tengo a mis hijos me ha probado más allá de cualquier duda que Dios me ama. ¿De dónde proviene este amor que le tengo a mis hijos? Nada viene de la nada. Si yo puedo amar a mis hijos de la manera que los amo — y yo estoy herido, soy imperfecto, y estoy fragmentado, — imagina cuánto nos ama Dios Padre.

Sí, hay algunos padres horribles en este mundo. Mas también hay algunos padres asombrosos, y conocemos un gran padre cuando vemos uno. Piensa en el mejor padre que conoces. Ahora multiplica todo lo bueno de ese padre por el infinito y aún tendrás escasamente una idea de Dios Padre.

¿Quién dice Jesús que somos nosotros? El dice que somos hijos de Dios.

Jesús dice que nosotros somos infinitamente valiosos.

Jesús cree que nosotros somos infinitamente valiosos. En cualquier momento que no creas eso, estás viviendo engañado, desconectado de la realidad más profunda y verdadera.

Con frecuencia me pregunto cuán diferente viviríamos nuestra vida si realmente comprendiéramos nuestro verdadero valor. Una y otra vez, a través de las Escrituras, Jesús trata de afirmar nuestro valor: "Ustedes son la luz del mundo" (Mateo 5:14) "Ustedes son la sal de la tierra" (Mateo 5:13) Tomen a cualquiera que cumpla la voluntad de mi Padre de los Cielos, y ése es para mí un hermano, una hermana" (Mateo 12:50). Incluso los cabellos de ustedes están contados. No teman, pues ustedes valen más que un sinnúmero de pajarillos (Lucas 12:7).

Así que con frecuencia el mundo quiere menospreciarnos y rebajarnos. El mundo puede ser tan impersonal, reduciéndonos a números o definiéndonos según nuestras funciones. Pero Jesús ofrece una visión radicalmente diferente. El dice que nosotros somos infinitamente valiosos. En gran contraste con la despersonalización del mundo, Jesús afirma el interés personal de Dios en nosotros. Hasta la enumeración de los cabellos en nuestra cabeza. Jesús quiere elevarnos. Y más que ninguna otra cosa, El afirma que nuestro valor no se deriva de lo que hacemos, sino de quiénes somos — hijos de Dios.

Jesús dice que nosotros somos libres.

Jesús valora la libertad por sobre todas las cosas. Dios valora tanto la libertad que nos da libertad para rechazarlo. Sin libertad no hay amor, porque solamente podemos amar tanto como seamos libres.

El mundo nos trata como huérfanos y esclavos, pero Jesús nos recuerda que somos hijos de Dios y que El vino para liberarnos, Jesús nos libera del egoísmo y del pecado para que podamos convertirnos en todo para lo cual Dios nos creó para que seamos: la mejor versión de nosotros mismos.

Jesús dice que nosotros somos hijos de Dios, que somos infinitamente valiosos, y que somos libres — y la opinión de Jesús importa.

•• ● ••

¿Quién dice la gente que es Jesús? ¿Quién decimos nosotros que es Jesús? ¿Quién dice Jesús que somos nosotros? Estas son las tres preguntas que merecen nuestra atención.

Jesús quiere que estemos muy claros acerca de quién es El, porque estar claro acerca de quién es El nos permite estar claros acerca de quiénes somos nosotros. Nuestra identidad está inextricablemente atada a Jesús.

Mientras más descubramos quién es Jesús realmente, más lo pondremos en el centro de nuestra vida. Es la única respuesta cuerda a conocerlo. Mientras más colocamos a Jesús en el centro de nuestra vida, más sentido empieza a tener la vida. Es simplemente imposible que la vida tenga sentido sin la claridad que proviene de colocar a Jesús en el centro. Yo he tratado esta tontería y he fallado. Si quieres, puedes tratar. Pero también fallarás.

PUNTO PARA REFLEXIONAR: No importa lo que pase, Dios te ama.

VERSÍCULO PARA VIVIR: "¿Con quién tratamos de conciliarnos? ¿Con los hombres o con Dios? ¿Acaso tenemos que agradar a los hombres? Si tratara de agradar a los hombres, ya no sería siervo de Cristo." GALATAS 1:10

PREGUNTA PARA MEDITAR: ¿Te valoras a ti mismo siquiera cerca de lo mucho que Jesús te valora?

ORACIÓN: Jesús, gracias por revelarte a mí. Gracias por todo lo que has hecho por mí. Gracias por amarme aún más de lo que yo me amo.

OCHO

Jesús Era un Radical

JESÚS TIENE UNA VISIÓN PARA TU VIDA.

Abre tu Biblia y lee uno de los cuatro Evangelios de principio a fin. Trata de hacerlo con los ojos frescos, y serás impactado por algo: Jesús era un radical — y Su vida y Sus enseñanzas son una invitación radical a algo más allá de aquello con lo que la mayoría de nosotros se hubiera conformado en su vida diaria.

¿Qué significa *radical*? Significa llegar a la "raíz" de las cosas.

Jesús estaba interesado en llegar a lo profundo, a la raíz de las cosas. Estaba interesado en lo que era esencial — no en la periferia suave, sino en el centro, en el corazón de las cosas.

Jesús no estaba atrapado por la noción de la corrección política. No estaba apesadumbrado con la necesidad de agradar a las personas. No estaba movido por el deseo de oportunismo o conveniencia. En cambio, simplemente permitir que reinara la verdad.

La verdad es radical. Atenerse completamente a la verdad en toda situación en nuestra vida es increíblemente difícil. Requiere el corazón de un santo y la diplomacia de un embajador experimentado. Todos los días somos tentados en docenas de maneras a tener una relación casual con la verdad. Cada semana surgen muchas situaciones en las cuales somos tentados a ignorar la verdad, o a doblarla, o a estirarla, o a amasarla por la corrección política, un deseo de agradar, oportunismo, o conveniencia.

Mas Jesús no tuvo una relación casual con la verdad, y eso es radical. El estaba interesado en llegar a la raíz de las cosas. A través de este lente de la verdad Jesús lo coloca todo en su lugar, llevando orden a todo aspecto de la vida, y demostrando el verdadero valor de las cosas. Todos ansiamos este orden divino. El reto es rendirse y dejar que Dios ponga nuestra vida en orden. El fruto de esta rendición es la paz y la alegría que todos deseamos.

Jesús era un radical. A cada momento nos recuerda que las maneras de Dios no son una ligera variación de las maneras del hombre; sino que, de hecho, son radicalmente diferentes. Toma en serio *cualquiera* de las enseñanzas de Jesús y algunas de las personas que te rodean pensarán que estás yendo demasiado lejos. Sus enseñanzas no nos invitan a un término medio mediocre. Nos invitan al amor radical.

Este amor radical está en el centro del Evangelio. Por supuesto, hay demostraciones espectaculares, pero sobre todo Jesús nos invita a pasar este amor radical a otras personas a través de los eventos diarios de nuestra vida. A cada momento Jesús nos enseña sobre este amor radical.

Jesús era un radical. Su vida fue radical. Su muerte fue radical. Sus enseñanzas fueron radicales. Llegaron a la raíz de las cosas. Su amor fue radical. Cambió todo el curso de la historia humana.

PUNTO PARA REFLEXIONAR: Pídele a Jesús que te ayude a llegar a la raíz de las cosas en tu vida. Pídele que te ayude a abrazar la verdad.

VERSÍCULO PARA VIVIR: "Tengan unos con otros los mismos sentimientos que estuvieron en Cristo Jesús". FILIPENSES 2:5

PREGUNTA PARA MEDITAR: ¿Cuándo fue la última vez que tuviste valor para buscar la raíz de un asunto importante?

ORACIÓN: Jesús, indícame la raíz de las cosas, y dame un empujón de más cuando esté tentado a conformarme con lo superficial.

NUEVE

El Maestro Más Grande que Ha Existido

SENCILLO NO ES LO MISMO QUE FÁCIL.

Con frecuencia las personas confunden sencillo con fácil. Las enseñanzas de Jesús eran radicalmente sencillas. Los expertos tienen un talento especial para complicar las cosas. Pero el genio que se destaca en cualquier campo es siempre la persona que es capaz de tomar lo que es increíblemente complejo, reducirlo a lo esencial, y presentarlo de una manera que parezca sencillo.

Con frecuencia, a través de la historia, los líderes espirituales de todo tipo han complicado el camino a Dios de maneras que lo han hecho casi imposible de andar para la persona promedio. Dios le dio los Diez Mandamientos a Moisés. Para el tiempo de Jesús, habían evolucionado en 613 leyes. La simplicidad de la enseñanza de Jesús era radical en contraste con el efecto opresivo que estas 613 leyes tenían en la vida diaria.

Las enseñanzas de Jesús eran radicales en contenido y en método. Y además proveían una idea única de la mente de Dios. De muchas maneras leer los Evangelios es hacer un recorrido por la mente de Dios. Cada parábola o enseñanza, cada encuentro que tiene Jesús con una persona destaca lo que le interesa a Dios y lo que no. La vida y las enseñanzas de Jesucristo nos ayudan a comprender las prioridades de Dios, para que nosotros podamos organizar nuestras prioridades de una manera correcta. .

El contenido de Sus enseñanzas era radical porque se enfocaba en la conversión del corazón más bien que en conductas externas. El método de sus enseñanzas era radical porque Su principal medio para enseñar era la parábola. El usaba historias y metáforas que las personas corrientes podían entender. Esto significaba que Sus enseñanzas eran accesibles y prácticas para las personas corrientes, especialmente para las que no tenían una educación.

Puede ser difícil vivir el Evangelio, pero es implacablemente sencillo en su enseñanza, y su simplicidad es genial.

Lo que Jesús enseñó era radical y cómo lo enseñó también era radical. Los cuatro Evangelios contienen inusuales ideas del genio de la mente de Dios. Darse cuenta de esto cambia la manera de leer los Evangelios.

Al considerar las distintas situaciones y circunstancias de la vida de Jesús y reflexionar sobre Sus palabras y Sus acciones se aclara lo que estaba haciendo. Constantemente estaba tratando de llegar a la raíz de cada situación, para exponer y transformar la raíz del corazón de cada persona.

Mas para descubrir los Evangelios de esta manera, tenemos que considerarlos. Esto es diferente a leerlos simplemente. Es diferente a tan sólo escucharlos en la iglesia el Domingo. Por definición, considerar *significa* pensar profunda y cuidadosamente, meditar. *Meditar* significa "envolverse en un ejercicio espiritual con el propósito de alcanzar un nivel elevado de conciencia espiritual".

¿Dónde está esto en nuestra vida? ¿Quién en tu alrededor está esforzándose por alcanzar un nivel elevado de conciencia espiritual?

Te diré quién lo tenia: María. Leemos en el Evangelio de Lucas, "María, por su parte, guardaba todos estos acontecimientos y los volvía a meditar en su interior". (Lucas 2:19) ¿Qué estaba considerando? Estaba considerando los acontecimientos de la vida de Jesús. María fue la primera persona que consideró el Evangelio. Ella fue testigo de la vida y de las enseñanzas de Jesús desarrollándose ante sus propios ojos: lo corriente y lo radical.

La vida de Jesús fue radical y hermosa y Sus enseñanzas son radicales y hermosas.

¿Cuál fue Su enseñaza más radical? Podríamos debatir esta pregunta interminablemente, pero uno de los grandes peligros cuando se trata de Jesús y Sus enseñanzas es despersonalizar la conversación. Así que tal vez una pregunta mejor para explorar sería: ¿Cual de las enseñanzas de Jesús encuentras más difícil vivir?

Jesús no es simplemente un maestro; es el maestro más grande que ha vivido. No es simplemente un genio; El *es* genio. Sus palabras son las más influyentes de la historia. Cada uno de nosotros descubre eso por sí mismo cuando abre su corazón y su mente a cómo esas palabras están invitándonos a cambiar.

PUNTO PARA REFLEXIONAR: Jesús quiere enseñarte cómo vivir una vida increíble.

VERSÍCULO PARA VIVIR: "Si uno escucha estas palabras mías y las pone en práctica, dirán de él: Aquí tienen al hombre sabio y prudente que edificó su casa sobre roca". MATEO 7:24

PREGUNTA PARA MEDITAR: ¿Alguna vez has considerado realmente que Jesús es tu maestro?

ORACIÓN: Jesús, enséñame cómo ser un gran estudiante.

DIEZ

Cuarenta Palabras

DIOS VE COSAS EN TI QUE TÚ NO VES.

Jesús estaba enseñando un día en la sinagoga cuando le preguntaron, "¿Cuál es el más grande de los Mandamientos?" La pregunta era una trampa. En el tiempo de Jesús, había 613 leyes. Estas leyes estaban supuestas a proteger a las personas para que no quebrantaran los Diez Mandamientos. Pero muchos judíos estaban tan obsesionados con las leyes que perdieron de vista las enseñanzas centrales del Torá y el corazón del mensaje de Dios.

Sin embargo, Jesús pasa por alto la complejidad. Con la claridad, el poder y el genio de la simplicidad, resume perfectamente el Evangelio. Esta fue la respuesta de Jesús: "'Amarás al Señor tu Dios con todo tu corazón, con toda tu alma y con toda tu mente'. Este es el más grande y el primer mandamiento. Y el segundo es como sigue: 'Amaras a tu prójimo como a ti mismo'". (Mateo 22:39)

En cuarenta palabras Jesús nos da un pequeño Evangelio. En cuarenta palabras nos da un pequeño examen de conciencia. En cuarenta palabras nos dice, "Si están buscando algo para medir su vida, ¡usen esto!"

Pero tal vez lo que es más radical aquí es también lo que con frecuencia pasa inadvertido. También puede ser uno de los aspectos más duros para vivir de la fe cristiana. En estas líneas Jesús nos invita a un amor total a Dios y a un amor generoso al prójimo, mas El presume que ya nos amamos a nosotros mismos. "Deben amar al prójimo como a ustedes mismos". Hay una conexión entre nuestra habilidad para amarnos a nosotros mismos de una manera sana y nuestra habilidad para amar a nuestro prójimo. Como cristianos, éste es un gran obstáculo para la mayoría de nosotros. Es una generalización, pero mi experiencia me lleva a concluir que muchos cristianos hacen un trabajo horrible en cuanto a amarse a sí mismos. Estamos atrapados en una auto-aversión que no es sana. Estamos juzgándonos constantemente de maneras improductivas. Con frecuencia estamos menos dispuestos a perdonarnos que el mismo Dios. Por supuesto, en la superficie pretendemos otra cosa. Pero a Jesús no le interesa la superficie. El quiere profundizar hasta la raíz de las cosas.

No estoy hablando del amor por nosotros mismos que es ciego y jactancioso, sino más bien, del que reconoce que somos débiles y estamos lastimados, y que al mismo tiempo somos asombrosos hijos de Dios. Es esa combinación única de humildad y gratitud que nos permite reconocer (aún si no lo comprendemos) que Dios nos ama profundamente, que El nos ama por una razón, y que eso solamente es prueba de que somos adorables.

Nosotros somos adorables. Tú eres adorable.

Yo he viajado por todo el mundo más que muchas personas, y la cantidad de aversión que parecemos tener hacia nosotros mismos como cristianos nunca cesa de romperme el corazón.

Nuestra incapacidad para amarnos puede que sea uno de los más grandes problemas en la Iglesia hoy día. Porque hasta que aprendamos a amarnos como Dios quiere, nuestra capacidad para amar al prójimo estará limitada y deformada.

Cuando nos amamos nos volvemos menos interesados en lo que los demás piensan sobre nosotros y más interesados en lo que piensa Dios. Cuando nos amamos no hacemos cosas para ser notados, alabados o aceptados.

Aquí está un ejemplo práctico: ¿cuántos regalos hiciste el año pasado? La mayoría de nosotros da docenas de regalos a otras personas todos los años: cumpleaños, Navidad, bodas, aniversarios, etc. Damos estos regalos a amigos, familiares, colegas, y quizás hasta a extraños. Si damos un regalo con amor a nosotros mismos en el corazón, lo hacemos porque queremos, y no tenemos ninguna expectativa. Seguro, esperamos que a las personas les gusten los regalos que les damos, pero les gusten o no, sabemos que fue un gesto atento y generoso. No podemos controlar la manera en que otra persona responda a un regalo — solamente la manera en que se da.

Si damos un regalo sin un amor saludable a nosotros mismos, puede ser que estemos o no haciéndolo porque realmente queremos. Un regalo que se da sin amor a nosotros mismos va con expectativas. Cuando damos un regalo así, queremos que quien lo recibe nos dé las gracias, nos alabe, que le agrademos y que nos favorezca. En este caso, sólo nos sentiremos bien sobre haberlo dado si quien lo recibe responde exactamente de la misma manera que queremos que lo haga. Si al que lo recibe no le gusta el regalo, estaremos decepcionados y nuestro sentido de nosotros mismos disminuirá porque dimos amor esperando amor y aceptación a cambio.

Un sentido sano de amor a uno mismo es esencial para la vida de un cristiano. Dios lo desea para ti. Este amor a uno mismo puede coexistir con una humildad verdadera.

Dios quiere que tengamos muy claro que somos tan importantes como cualquier otra persona. Cualquier pensamiento sobre que no importamos, que otros son más importantes que nosotros, que nuestros pensamientos o sentimientos no son válidos, o que no les agradaremos a las personas a menos que las complazcamos, no son de Dios. No son pensamientos que vienen de la mente de Dios.

Aprende a amarte. Eso es radical. Tu habilidad para amarte tendrá un impacto directo sobre tu habilidad para amar a Dios y a tu prójimo. Eso es radical y profundo.

PUNTO PARA REFLEXIONAR: Dios quiere resucitarte.

VERSÍCULO PARA VIVIR: "Pónganse, pues, el vestido que conviene a los elegidos de Dios, sus santos muy queridos: la compasión tierna, la bondad, la humildad, la mansedumbre, la paciencia". COLOSENSES 3:12

PREGUNTA PARA MEDITAR: ¿Estás amándote de la manera que Dios quiere que te ames?

ORACIÓN: Jesús, empieza una revolución de amor en mi corazón hoy. Enséñame a amarme como Tú me amas, para que pueda amar a todos los que crucen mi camino de una manera que les recuerde que Tú cambiaste el mundo.

ONCE

El Corazón del Evangelio

DAR Y PERDONAR.

La generosidad y el perdón son dos de las invitaciones más radicales que hace el Evangelio. También están entre las más difíciles de vivir.

"El que tenga dos capas, que dé una al que no tiene, y el que tenga de comer, haga lo mismo" (Lucas 3:11)

Este pasaje trata de la generosidad. En la próxima sección exploraremos el perdón.

Jesús quiere que te conviertas en la persona más generosa en tu esfera de influencia. Quiere que asombres a la gente con tu generosidad. Quiere que seas generoso con tu tiempo, con tu talento y con tu tesoro. Pero te invita a una generosidad que va mucho más allá que esto. Quiere que seas generoso alabando y alentando. Quiere que seas generoso con tu compasión y tu paciencia. Quiere que la generosidad alcance todas las áreas de tu vida para que por medio de ti Él pueda amar e intrigar a las personas que se encuentran en tu vida.

Abre tu ropero. ¿Cuántos abrigos tienes? ¿Cuántas camisas y suéteres hay allí? ¿Cuántos pares de pantalones y de zapatos tienes? ¿Cuándo fue la última vez que te pusiste alguna de esas cosas?

¿Qué estaba diciendo Jesús? Si tienes más que lo que necesitas, sé generoso con los que no tienen lo que necesitan. Tú lo has oído, Dios provee para las necesidades de la humanidad, no para su avaricia.

La noción que Jesús tiene de la generosidad es radical. Yo no soy un erudito de la vida cristiana de los primeros tiempos, pero me parece que una de las razones por la que el cristianismo prosperó en esos primeros días fue porque la generosidad de los primeros cristianos intrigó a la gente. La generosidad cristiana es radical, especialmente cuando era practicada en contraste con la brutal rudeza del clima de interés propio del primer siglo.

Desde ese tiempo, los seguidores de Jesús han estado asombrando a la gente de todas las épocas con su generosidad. Es la generosidad que brota naturalmente cuando abrazamos las enseñanzas de Jesucristo de todo corazón.

El Evangelio nos libera del egoísmo inspirándonos a ser generosos. Grandes vidas pertenecen a hombres y mujeres que ven la vida como una competencia de generosidad. Decide ahora mismo, aquí, hoy, vivir una vida de generosidad sin precedente. Asombra a la gente que cruza tu camino con tu generosidad. Puede que no haya una manera más práctica de darle vida al cristianismo.

PUNTO PARA REFLEXIONAR: La generosidad es increíblemente atractiva.

VERSÍCULO PARA VIVIR: "Uno reparte abundantemente y se enriquece, otro economiza y se empobrece. El que es generoso será saciado, el que riega será regado" PROVERBIOS 11:24–25

PREGUNTA PARA MEDITAR: ¿Cómo está Dios invitándote a volverte más generoso?

ORACIÓN: Jesús, libérame de mi inclinación a ser tacaño.

DOCE
El Alma del Evangelio

NO PUEDE HABER PAZ SIN PERDÓN.

El perdón es una de las lecciones centrales de la vida y de las enseñanzas de Jesús. Juega un poderoso papel en la salud espiritual de toda persona. También juega un poderoso papel en toda relación y es esencial para la vida de cualquier comunidad saludable, ya sea una comunidad tan pequeña como una familia o tan grande como una nación.

Cuando perdonamos, compartimos el amor de Dios con el prójimo y nos deshacemos de venenos peligrosos que pueden privarnos de crecer espiritualmente. Mas eso no lo hace fácil.

"Entonces Pedro se acercó con esta pregunta: 'Señor, ¿cuántas veces tengo que perdonar las ofensas de mi hermano? ¿hasta siete veces?' Jesús le contestó: 'No te digo siete, sino setenta y siete veces'". (Mateo 8:21-22)

Sin perdón nuestra alma empieza a llenarse de ira, de resentimiento, de frustración, y de ansiedad. Escoger no perdonar a alguien es como tomar veneno y esperar que la otra persona muera. Cuando escogemos no perdonar, le damos la espalda a Dios y a la mejor versión de nosotros mismos.

Todos necesitamos perdonar a alguien. ¿A quién necesitas perdonar tú? ¿A quién está invitándote Dios a perdonar?

El perdón también es un poderoso elemento contra-cultural del cristianismo.

Aunque la enseñanza de Jesús fue y es radical, Él nos llama más allá del perdón. Una de Sus enseñanzas más radicales es: "Amen a sus enemigos y recen por sus perseguidores" (Mateo 5:44). ¿Cuál fue la enseñanza antes de que Jesús entrara en la sinagoga? "Ojo por ojo y diente por diente" (Exodo 21:24)

Puede que hayamos leído u oído esta lectura del Evangelio de Mateo muchas veces; pero el momento en que Jesús proclamó esta enseñanza fue en realidad uno de los grandes avances morales y espirituales de la historia humana. Jesús declaró ilegal la revancha y la venganza con una oración.

¿Qué esta diciendo? Está diciendo amen al Emperador Nerón, a Adolfo Hitler, a Osama Bin Laden, y a los abusadores de niños y recen por ellos. Esta enseñanza es tan radical, que cuando nos detenemos a pensar sobre ella, se nos aprieta el pecho, nuestra vía respiratoria se estrecha, y se nos dificulta respirar.

¿Quiénes son tus enemigos? ¿Cuándo fue la última vez que rezaste por ellos? Hay algunas personas que dicen que no tienen enemigos. Simplemente, no lo han pensado bien. ¿Quiénes son las personas en televisión que hacen que se te erice la piel y te hierva la sangre? ¿Quiénes representan ideas que se encuentran en el extremo opuesto del espectro ideológico de todo lo que tienes por bueno, verdadero, noble, y justo? Estas personas son tus enemigos. ¿Cuándo fue la última vez que rezaste por ellos?

Radical, ¿eh?

Y no olvidemos las maneras en que todos los días algunas personas te hacen algún mal. Te interceptan en tráfico, saltan delante de ti para pasar por la línea rápida en el supermercado con cincuenta y siete cosas, o dicen algo sobre ti que no es cierto.

El perdón y la generosidad son dos de los retos más radicales que Jesús nos presenta. Son, a la vez, increíblemente espirituales y monumentalmente prácticos. Nuestra disposición para dar y perdonar revelan con frecuencia la profundidad o las limitaciones de nuestro cristianismo.

PUNTO PARA REFLEXIONAR: Todos necesitamos perdonar a alguien.

VERSÍCULO PARA VIVIR: "Si ustedes perdonan a los hombres sus ofensas, también el padre celestial les perdonará a ustedes". MATEO 6:14

PREGUNTA PARA MEDITAR: ¿Cuán seriamente tomas la invitación de Jesús a perdonar?

ORACIÓN: Jesús, Tú me perdonas a pesar de saber que voy a pecar otra vez. Enséñame a ser así de generoso con mi perdón.

TRECE

¿Quién es el Más Grande?

LAS ENSEÑANZAS DE JESÚS SON UNA PARADOJA para nuestro pensar mundano.

"En aquél momento los discípulos se acercaron a Jesús y le preguntaron: '¿Quién es el más grande en el Reino de los Cielos?' Jesús llamó a un niñito, lo colocó en medio de los discípulos, y declaró: 'En verdad les digo: si no cambian y no llegan a ser como niños, nunca entrarán en el Reino de los Cielos'" (Mateo 18:1–3)

Toda la actitud de Jesús hacia los niños fue radical. Para comprender exactamente cuán radical fue la actitud de Jesús hacia los niños, es esencial profundizar en la manera en que los niños eran tratados y vistos en ese tiempo. Cuando Jesús enseñó que todos somos hijos de Dios, estaba anunciando que todo niño (o toda persona) tiene un valor inestimable igual ante los ojos de Dios. Esto fue asombroso para los judíos quienes se veían a sí mismos como el pueblo escogido. También fue asombroso para las autoridades seculares del momento. En el Imperio Romano el valor de un niño estaba basado en gran parte en su origen. Si su padre era un rey, era un tesoro para la nación, especialmente si era varón. Además de según su origen, el valor de los niños era determinado según su habilidad para servir al estado.

En el tiempo de Jesús todos los niños no eran considerados iguales. Generalmente, las mujeres no tenían acceso a la educación ni a la vida pública, y muchas crecieron para ser esclavas. El imperio tenía una necesidad insaciable de mano de obra, y con frecuencia, las mujeres y los niños satisfacían esta necesidad.

Aún más horripilante era la práctica de la "exposición", la cual envolvía abandonar a un recién nacido en un área apartada, con frecuencia un basurero, y dejarlo para que muriera por falta de alimento y cuidado, atacado por animales o por los elementos. Algunas veces los niños abandonados eran rescatados, pero usualmente por oportunistas que buscaban criarlos para después venderlos como esclavos. En esos tiempos, el cabeza de familia tenía el derecho legal para decidir la vida o la muerte de un niño, especialmente durante los primeros ocho días de vida. Las razones por las que niños eran "expuestos" incluían la pobreza o la incapacidad para mantenerlos, discapacidad o deformidad, el deseo de una familia rica de evitar dividir el patrimonio, género (los varones eran valorados más que las niñas), e ilegitimidad. Los primeros seguidores de Jesús se hicieron conocidos por su amor radical, porque rescataban a estos niños abandonados, los llevaban a su casa y cuidaban de ellos.

Hemos avanzado mucho, principalmente por la forma en que las enseñanzas de Jesús transformaron cómo los niños eran vistos. Cuando Jesús dijo algo como, "Dejen que los niños se acerquen a mí" (Mateo 19:4) no fue simplemente un gesto gracioso: estaba virando al revés las estructuras sociales. Estaba anunciando audazmente: Los niños son importantes. Los niños importan.

Cuando Jesús anunció que todos somos hijos de Dios, amenazó las estructuras social y económica de Su tiempo. La misma enseñanza reta esas estructuras hoy. Si verdaderamente creyéramos que los niños que pasan hambre en nuestro propio país y en todo el mundo son hijos de Dios, ¿cuán diferente nos comportaríamos? Si realmente creyéramos que las mujeres que están siendo perseguidas y reprimidas en el mundo son nuestras hermanas, ¿qué haríamos acerca de eso? Si todos somos hijos de Dios, y los zapatos que usamos están cosidos por un niño en un país extranjero que debía estar en la escuela, no trabajando, y están pagándole menos que lo que cuesta simplemente sobrevivir, ¿cuál es nuestra responsabilidad moral?

El Evangelio de Jesucristo es una invitación radical a ir más allá de nuestra visión egoísta del mundo y hacer nuestra parte para proteger y liberar a los hijos de Dios más vulnerables. Al hacerlo, también es importante recordar que algunos de los hijos de Dios más vulnerables son adultos. Jesús nos enseña, "Lo que hicieron con algunos de los más pequeños de estos mis hermanos, me lo hicieron a mí". (Mateo 25: 40) Líneas como éstas te persiguen si realmente reflexionas sobre ellas.

Los Evangelios viran nuestra estructura social al revés anunciando que todos somos hijos de Dios, y por lo tanto, somos hijos de un gran rey. Dios quiere que abracemos nuestra identidad de hijos Suyos, y entonces esa misma identidad en toda persona que encontremos. Es una lección difícil.

La cultura está llena de confusión con respecto a la identidad. Como padre, estoy atento constantemente respecto a la identidad que mis hijos están asumiendo como resultado de su interrelación con otras personas y con la cultura. Quiero que mis hijos sepan que son hijos de un gran rey, Dios. Hice un cartel para colgarlo en la habitación de mi hija que dice:

"Soy la hija de un gran rey. El es mi padre y mi Dios. El mundo puede alabarme o criticarme. No importa. El está conmigo, siempre a mi lado, guiándome y protegiéndome. No tengo miedo porque soy suya".

En la habitación de los niños, hay un cartel igual con un par de cambios solamente: "Yo soy el hijo de un gran rey..."

La estructura social divina es radicalmente diferente de la que experimentamos todos los días. Piensa en el cristianismo la próxima vez que viajes. Quienes viajan mucho y tienen un estatus de élite con aerolíneas y cadenas de hoteles reciben privilegios especiales. Son tratados como reyes, son elevados a primera clase en vuelos y hospedados en grandes habitaciones en hoteles. Se inscriben primero, abordan primero, evitan largas líneas de seguridad. Disfrutan comidas y bebidas gratuitas, y más. Esta es la manera del mundo.

Imagina si Jesús fuera el dueño de una línea aérea. Los anuncios para abordar el avión serían: "Señoras y señores, bienvenidos a la aerolínea de Jesús. Aquí hacemos las cosas de una manera distinta. Nos encanta que estén con nosotros y esperamos servirlos para que puedan tener una experiencia increíble. En la aerolínea de Jesús abordamos el avión por zonas. La Zona 1 es la de aquéllos que carecen totalmente de estatus en este mundo, los más bajos de los bajos en el tótem de los que vuelan frecuentemente. La Zona 2 es la de nuestros miembros de Plata. La Zona 3 es la de nuestros miembros de Oro. La Zona 4 es la de nuestros miembros de Platino. Y finalmente la Zona 5, en la que solamente hay asientos en el medio y no hay ningún espacio superior para su maleta de mano, es la de los súper privilegiados, constantemente consentidos miembros de Diamante. En la aerolínea de Jesús nuestro lema es los primeros serán los últimos y los últimos serán los primeros. Gracias por volar en la aerolínea de Jesús".

Todos disfrutamos los servicios que se rinden a personas muy importantes, pero Jesús nos dice que los más humildes de nosotros se los merecen. ¿Quiénes son los más humildes que se encuentran dentro de tu esfera? ¿Cómo los tratas? Jesús nos dice que debemos darles un trato preferencial. Hace pensar, ¿cierto? Radical.

Jesús nos enseña a darles un trato preferencial a los pobres. Veamos una historia que El contó que me persigue. Es sobre Lázaro, el hombre pobre sentado junto a la puerta del hombre rico pidiendo migajas de la mesa del hombre rico. El hombre rico murió y Jesús comunica esta conversación de la vida después de la muerte: "'Padre Abraham, ten piedad de mí, y manda a Lázaro que moje en agua la punta de su dedo y me refresque la lengua, porque me atormentan estas llamas'. Abraham respondió: ' Hijo, recuerda que tú recibiste tus bienes durante la vida, mientras que Lázaro recibió males. Ahora él encuentra aquí consuelo y tú, en cambio, tormentos'". (Lucas 16:14–15)

Esto me asusta. Al igual que el hombre rico, llego a disfrutar muchas de las cosas buenas que ofrece la vida. Los pobres no están sentados junto a mi puerta, pero no se encuentran muy lejos. Esta historia hace temblar a mi alma, porque Jesús habla claramente sobre una vida después de la muerte y de un lugar en el que no me interesa pasar tiempo alguno. También establece una conexión entre la manera en que vivimos aquí en la Tierra y dónde acabaremos en la vida después de la muerte.

Los Evangelios nos informan sobre nuestra seria e inescapable obligación con los pobres. Es imposible separar las enseñanzas espirituales de Jesucristo de sus enseñanzas sociales, así como es imposible separar nuestro amor a Dios de nuestro amor al prójimo. El doble Mandamiento amar a Dios y amar al prójimo es inseparable. Es fácil decir, "amo a Dios". Es fácil decir, "soy cristiano". Pero Jesús nos reta a probarlo. Nuestro amor al prójimo es la prueba de que amamos a Dios.

PUNTO PARA REFLEXIONAR: : Los pobres, los necesitados, los hambrientos, los solitarios, los ignorantes y los afligidos son los amigos especiales de Dios.

VERSÍCULO PARA VIVIR: "Ya se te ha dicho, hombre, lo que es bueno y lo que el Señor te exige: tan sólo que practiques la justicia, que seas amigo de la bondad y te portes humildemente con tu Dios". MIQUEAS 6:8

PREGUNTA PARA MEDITAR: ¿Están tus valores parejos con los valores de Jesús?

ORACIÓN: Jesús, libera al niño en mí para que yo pueda ser más como un niño cada día que pasa y abre los ojos de mi alma para que pueda ver a Tus hijos a mi alrededor.

CATORCE

Pureza de Corazón

DIOS QUIERE QUE SEAS TÚ QUIEN DECIDA qué mirar.

"Quien mira a una mujer con malos deseos, ya cometió adulterio con ella en su corazón". (Mateo 5:28) Esta es una enseñanza radical. ¿Cuándo fue la última vez que miraste a un hombre o a una mujer lujuriosamente? Jesús le llama a esto adulterio del corazón.

Nuestra vista es un don increíble de Dios. El Evangelio nos invita a practicar la custodia de los ojos, lo cual significa simplemente tener auto-control para decidir qué nos permitimos mirar. En nuestra cultura hipersexual estamos siendo acosados constantemente por imágenes sexuales. Esto hace que mantener la custodia de los ojos sea una lucha constante. Algunas cosas que miramos nos ayudan a convertirnos en la mejor versión de nosotros mismos.

Algunas veces todo depende de la manera en que miramos algo. Si unos hombres están parados en algún lugar y notan a una mujer hermosa pasar por donde están ellos, es una cosa reconocer su belleza como un don de Dios y otra totalmente distinta si se vuelven y la siguen con los ojos y dejan correr desenfrenadamente su imaginación.

Las imágenes son poderosas. No se puede borrar las cosas. Editar lo que se mira. Custodiar los ojos es un camino seguro hacia el crecimiento espiritual.

PUNTO PARA REFLEXIONAR: Aparta los ojos de cualquier cosa que pueda corromper tu alma.

VERSÍCULO PARA VIVIR: "Tu ojo es la lámpara de tu cuerpo. Si tus ojos están sanos, todo tu cuerpo tendrá luz". MATEO 6:22

PREGUNTA PARA MEDITAR: Si aprendes a controlar lo que miras, ¿cuán profunda sería tu paz interior?

ORACIÓN: Jesús, purifica mi corazón, purifica mi mente, purifica mi cuerpo, y purifica mi alma.

QUINCE

Entendiendo el Sufrimiento

TODOS SUFRIMOS.

Estaba triste cuando mi papá murió. Dolía. El dolor era como un ligero dolor de cabeza que no se me quitaba. Quería tener una buena conversación más con él. Lo extrañaba y sabía que seguiría extrañándolo. Sabía que él no llegaría a conocer a mi esposa ni a mis hijos, y que habría muchos momentos claves en mi vida en los que ansiaría que él estuviera presente.

Estaba triste por mis hermanos menores, especialmente por Hamish, el más joven. Yo tenía treinta años cuando mi papá murió, pero Hamish tenía solamente veintidós y había vivido con papá durante casi cinco años de enfermedad. Así que papá había estado enfermo desde que Hamish tenía unos diecisiete años, y a esa edad se es muy joven para perder a su padre.

El sufrimiento viene de muchas formas y tamaños, y usa muchas caretas. La primera vez que me diagnosticaron que tenía cáncer, recuerdo estar saliendo de la consulta del médico. Los oídos me sonaban y todo parecía estar nublado. A mi alrededor las personas estaban siguiendo con su vida, pero mi vida había cambiado en un instante. Estar enfermo uno mismo es un tipo diferente de tristeza y un tipo diferente de sufrimiento.

Cuando mi hermano Mark falleció fue distinto nuevamente. Fue distinto a cuando mi papá murió y distinto a tener cáncer. Mark estaba en la flor de su vida. Tenía dos hijas y una esposa que lo necesitaban. Cuando mi papá murió fue triste, pero él había vivido una vida plena. Mi hermano tenía demasiado aún por vivir, y su muerte dolió más por eso.

Hay otros tipos de sufrimientos que me aterran. Me aterroriza el dolor de ver sufrir a alguien que quiero sabiendo que no puedo hacer absolutamente nada. Me aterroriza tener que ver sufrir a mis hijos. Cuando mi hijo Walter tenía un año más o menos tuvo un ataque de asma severo, y una noche tuvimos que llevarlo a la sala de emergencia. Yo acabé pasando la noche con él en el hospital, pero todo el piso en el que él estaba se encontraba lleno de niños enfermos. Muchos de ellos llevaban semanas o meses allí, y algunos no iban a volver a su casa nunca más.

El sufrimiento es uno de los principales misterios de la experiencia humana. No sé por qué yo sufro de una manera y tú sufres de otra. No sé por qué el sufrimiento de algunas personas es muy público, y otras personas sufren callada e interiormente, de manera que nadie nunca lo sabría. No sé por qué mi hermano murió en la flor de su vida. Para mí, no tiene sentido. Es un misterio – Y he aprendido a hacer la paz con los misterios de la vida.

No soy suficiente tonto para creer que mi mente finita puede comprender la mente infinita de Dios. La fe y la esperanza me llevan a la conclusión que el sufrimiento tiene valor. No entiendo a plenitud la razón o el valor del sufrimiento. El sufrimiento es un misterio – y a mí me parece bien eso. El misterio es algo hermoso.

No debemos burlarnos de él, sino más bien debemos enfocarlo con reverencia y asombro.

La cruz es fundamental en la vida de Jesús. Su sufrimiento tuvo un valor inconmensurable. Yo creo que nuestro sufrimiento está conectado a Su sufrimiento de maneras que nunca entenderemos completamente en esta vida. Y en la próxima puede que descubramos que, en realidad, el sufrimiento en esta vida fue un gran honor. Simplemente, no sabemos. Es un misterio – y a mí eso me parece bien.

El sufrimiento es una parte inevitable de la vida, pero no tiene que carecer de significado. Al igual que muchas cosas en la vida sobre las cuales tenemos poco o ningún control, cómo respondamos al sufrimiento lo cambia todo.

Jesús nos consuela:

En verdad les digo que llorarán y se lamentarán, mientras que el mundo se alegrará. Ustedes estarán apenados, pero su tristeza se convertirá en gozo. La mujer se siente afligida cuando está para dar a luz, porque le llega la hora del dolor. Pero después que ha nacido la criatura, se olvida de las angustias por su alegría tan grande; piensen: ¡un ser humano ha venido al mundo! Así también ustedes ahora sienten tristeza, pero yo los volveré a ver y su corazón se llenará de alegría, y nadie les podrá arrebatar ese gozo. (Juan 16:20–22)

Este pasaje tan sólo es una prueba suficiente de que Jesús ve el sufrimiento a una luz completamente distinta que el mundo, y que Su concepto del sufrimiento es radicalmente distinto de cómo yo lo vería si contara con mis propios recursos solamente. Afortunadamente para todos nosotros, Jesús no deja que contemos con nuestros propios recursos solamente.

El sufrimiento nos recuerda, quizás más que cualquier otra cosa, que las maneras de Dios no son las nuestras. Vivimos en una cultura secular que desprecia el sufrimiento como algo inútil y proclama que debe evitarse a toda costa. Como resultado, constantemente nos imponen los medicamentos para aliviar el dolor en forma de píldoras, productos, experiencias y distracciones.

El mundo tiene su propio evangelio. El mensaje del mundo está incompleto, y nada lo demuestra más que la incapacidad del mundo para entender el sufrimiento. El mundo no puede entender el sufrimiento porque lo ve como algo carente de valor. El mundo no tiene una respuesta para el inescapable e inevitable sufrimiento de nuestra vida.

Jesús tiene una respuesta para todo.

Las Escrituras del Antiguo Testamento nos dicen que el sufrimiento es una consecuencia del pecado. En el Antiguo Testamento se presenta el sufrimiento como un castigo infringido por Dios como resultado directo de lo pecoso de la humanidad. En el Nuevo Testamento, Jesús anunció audazmente con Sus palabras y Sus hechos que el sufrimiento tiene valor. Es un instrumento que puede transformarnos en personas más amorosas. Nos lleva a terrenos espirituales más altos. La salvación y el sufrimiento de Jesús son inseparables. De modo que ¿qué podría ser más significativo que el sufrimiento?

Ahora, vamos a estar bien claros. No estoy sugiriendo que debamos buscar el sufrimiento. Y hay mucho sufrimiento en este mundo que tú y yo podemos y debemos hacer más para aliviar. Pero el sufrimiento inescapable de nuestra vida tiene un propósito. Podemos tratar de alejarnos de él, o podemos aceptarlo y dejar que nos transforme de maneras inimaginables. Podemos dejar que nos ponga airados, o podemos dejar que nos enseñe a amar más plenamente.

Por cientos de años los cristianos se han susurrado unos a otros, "¡Ofrécelo!" Las Escrituras nos alientan a ofrecer todo lo que pasa en nuestro día – las alegrías y el sufrimiento – a Dios como una oración. El sufrimiento es una oración poderosa. Una vez que nos damos cuenta de esto y empezamos a rendirnos al sufrimiento inevitable de la vida, ofreciéndoselo a Dios como una oración – por nosotros mismos, por nuestros amigos y familiares, por el mundo – nos llenamos de una paz profunda y perdurable.

Jesús nos prometió sufrir. Su liderazgo fue único y asombroso; El no nos endulzó las cosas ni pretendió. El guió con el ejemplo y pidió un gran compromiso a quienes querían seguirlo

Por más de dos mil años, los héroes, campeones, y santos del cristianismo han estado meditando sobre la pasión y la muerte de Jesucristo. Tal vez sea hora de que todos pasemos un momentico explorando el genio de la cruz. El mundo cambió a las tres en punto ese Viernes por la tarde cuando Jesús dio Su vida por nosotros. Así fue como El cambió el mundo. Radical.

"Si alguno quiere seguirme, que se niegue a sí mismo, que cargue con su cruz de cada día y que me siga". (Lucas 9:23)

El mandato está claro. Yo no sé cuál es tu cruz, pero con seguridad sé cuál es la mía. Algunos días estoy más renuente que otros a levantarla y cargarla Esa es la vida. ¿Qué cruz está Jesús invitándote a levantarla y llevarla hoy? Cualquiera que sea, el Cristo resucitado quiere ayudarte a cargarla. Tú no estás solo.

PUNTO PARA REFLEXIONAR: El sufrimiento nos transforma de maneras inimaginables.

VERSÍCULO PARA VIVIR: "No nos acobardamos en las tribulaciones, sabiendo que la prueba ejercita la paciencia, que la paciencia nos hace madurar y que la madurez aviva la esperanza" ROMANOS 5:3–4

PREGUNTA PARA MEDITAR: ¿Estás dispuesto a sufrir un poco para crecer espiritualmente?

ORACIÓN: Jesús, enséñame a abrazar el sufrimiento inevitable de la vida, y mantenme siempre consciente de aquéllos que sufren más que yo.

DIECISÉIS

No Juzgues

DIOS QUIERE VACIAR TU CORAZÓN DE JUICIOS.

No juzguen a los demás y no serán juzgados ustedes. Porque de la misma manera que ustedes juzguen, así serán juzgados, y la misma medida que ustedes usen para los demás, será usada para ustedes. ¿Qué pasa? Ves la pelusa en el ojo de tu hermano, ¿y no te das cuenta del tronco que hay en el tuyo? ¿Y dices a tu hermano: Déjame sacarte esa pelusa del ojo, teniendo tú un tronco en el tuyo? Hipócrita, saca primero el tronco que tienes en tu ojo y así verás mejor para sacar la pelusa del ojo de tu hermano. (Mateo 7:1–5)

Enjuiciar es uno de los grandes obstáculos que nos impiden amar al prójimo como Dios nos manda. Es también un obstáculo en nuestra búsqueda de amarnos a nosotros mismos como Dios quiere.

Quisiera poder decirte que he abrazado las enseñanzas de Jesús tan plenamente que nunca juzgo a nadie, pero no puedo. Me sorprendo juzgando a personas todo el tiempo. Desperdicio mucho tiempo y mucha energía juzgando, y me hace infeliz. Cuando juzgo a la gente, le hago daño, creo negatividad, me siento mal conmigo mismo, y estoy más pronto a juzgarme de una manera dañina.

"No juzgues". Esa es una invitación radical.

Vivimos en una cultura hiperdogmática. Como resultado, nos hemos vuelto hipersentenciosos. Todo este enjuiciar no es sano ni cristiano. ¿Cuántas veces al día juzgas a otra personas? ¿Cuántas veces al día te juzgas a ti mismo? Déjame recomendarte un ejercicio espiritual enormemente práctico: Cuenta. Por veinticuatro horas, cuenta cuántas veces juzgas algo o a alguien.

A cada paso, las enseñanzas de Jesús proveen maneras prácticas para crecer espiritualmente. Simplemente enfocándote en disminuir la cantidad de enjuiciamiento en tu vida es un camino hacia la paz, la alegría y un increíble crecimiento espiritual. Inmediatamente experimentarás el fruto interno de este camino a través de una nueva paz que desbordará tu alma. Mas también descubrirás rápidamente el impacto externo que disminuir el enjuiciar tiene en las relaciones.

A nadie le gusta estar alrededor de alguien que esté juzgándolos constantemente. Nuestras relaciones no pueden sobrevivir bajo el peso insoportable de un enjuiciamiento constante. Cuando dejamos de bombear el veneno del enjuiciamiento en los invernaderos de nuestras relaciones, todos empezamos a prosperar juntos de una forma nueva.

Simplemente, no nos corresponde juzgar. Juzgar es una prerrogativa divina. Una prerrogativa es un derecho o un privilegio exclusivo. Juzgar es el derecho exclusivo de Dios. A lo largo de la historia la humanidad ha estado pretendiendo ser Dios de mil maneras distintas, y esto siempre lleva a problemas. Cuando llenamos nuestro corazón y nuestra mente de enjuiciamientos, es simplemente un intento arrogante e inútil más de pretender que somos Dios.

Ni Jesús fue librado de la arrogancia del enjuiciamiento humano, Sus acciones y motivos fueron cuestionados constantemente. "¿Qué es esto? ¡Está comiendo con publicanos y pecadores!" (Marcos 2:16)

Una de nuestras maneras favoritas de juzgar a las personas es categorizándolas. "El es demasiado conservador". "Ella es una liberal". "Ella es amiga de esa gente". El vive en esa calle". "Ellos pertenecen a ese club". "Realmente, ellos no son tu tipo de personas". "Su hijo es el que...". "El fue a esa escuela".

Todo parece muy inocente, como si estuviéramos comunicando hechos simplemente, pero eso es cuán insidioso se ha vuelto nuestro enjuiciamiento.

••◆••

La enseñanza de Jesús sobre juzgar es simplemente un ejemplo de la naturaleza práctica y profunda de Sus enseñanzas. Esta enseñanza podría cambiar tu vida. Esta enseñanza podría cambiar el mundo.

¿No habló claro Jesús? No lo creo. Hace dos mil años El habló muy claramente de una manera que retaba a las personas hasta lo más profundo, y de una manera que sigue retando a las personas hasta lo más profundo dos mil años después.

Podemos levantar barreras y crear excusas. Podemos discutir acerca de qué quiso decir cuando dijo esto o lo otro. Mas en alguna parte en lo profundo de mi interior pienso que la mayoría de nosotros sabe que está llamándonos a vivir de una manera distinta.

No por El, sino por nosotros. No para hacerlo feliz, sino para que podamos compartir la felicidad que es nuestro destino.

Las enseñanzas de Jesucristo son radicales. Por dos mil años hombres y mujeres de todas las edades, de todas las profesiones y condiciones sociales – ricos y pobres, jóvenes y viejos, educados y no educados – han estado dejando que estas enseñanzas los transformen. Ahora la pregunta es, ¿lo harás tú?

PUNTO PARA REFLEXIONAR: Siempre que seas tentado a juzgar a alguien, trata de ver a esa persona como un hijo o una hija de Dios.

VERSÍCULO PARA VIVIR: ¿Quién eres tú para juzgar a tu prójimo?" SANTIAGO 4:12

PREGUNTA PARA MEDITAR: ¿Cómo mejorarán tus relaciones principales si están libres de enjuiciamientos?

ORACIÓN: Jesús, hazme consciente justo antes de estar a punto de caer en enjuiciar a alguien, y dame la gracia de detenerme.

DIECISIETE
Relaciones Radicales

DIOS AMA AÚN A AQUÉLLOS QUE NO PARECEN adorables.

Jesús el radical tiene muchas dimensiones. Sí, Sus enseñanzas fueron radicales, pero la influencia de Su deseo de ser radical se extendió mucho más allá de Sus enseñanzas. Consideremos la naturaleza radical de sus interrelaciones diarias con personas.

La mayoría de las personas que se encuentran en el centro de las narraciones del Evangelio no tienen lugar en nuestra vida. Qué nos dice eso? Jesús tomó a personas a quienes tú y yo pasaríamos en la calle sin darnos cuenta, personas con quienes nosotros nunca escogeríamos estar en la misma habitación, personas de los mismos márgenes de la sociedad, y las situó en el centro de la narración que llamamos el Evangelio. Llegaron a El bajo cien aspectos distintos – enfermos, pobres, despreciados, mujeres, niños, y pecadores de todas clases – pero en cada uno Jesús vio a un hijo o a una hija de Dios.

Quizás no hay un ejemplo más impactante de esto que la mujer del pozo: "Una samaritana llegó para sacar agua y Jesús le dijo: 'Dame de beber'. Los discípulos se habían ido al pueblo para comprar algo de comer. La samaritana le dijo: '¿Cómo tú, que eres judío me pides de beber a mí, que soy una mujer samaritana?'" (Juan 4:7-8)

Todos – los judíos, los gentiles, los romanos – despreciaban a los samaritanos. Así que ¿qué hizo Jesús? Les dio un lugar central en el Evangelio. Primero, está la parábola del Buen Samaritano, que ha hecho del nombre samaritano un sinónimo de buenas obras y misericordia. Por dos mil años, todo acto bondadoso hacia un forastero ha llevado el nombre de buen samaritano. (Lucas 10:25–37)

Después, aquí en esta historia, Jesús se encuentra no simplemente a un samaritano, sino a una mujer samaritana que se había divorciado varias veces. Jesús estaba verdaderamente al margen de la estructura social cuando decidió iniciar una conversación con esta mujer. Hasta su propia gente la miraba mal. El estigma unido a esta mujer era monumental, haciendo la lección aún más impactante.

¿Se limitó Jesús a saludarla cortésmente? No. ¿Tuvo una conversación banal con ella? No. Esta es la conversación más larga registrada entre Jesús y cualquier otro ser humano.

Piensa en eso.

La actitud de Jesús hacia las personas fue radicalmente diferente porque en cada hombre, mujer, y niño El vio a un hijo o a una hija de Dios.

Podríamos hablar más sobre las distintas e improbables personas con las que Jesús pasó Su tiempo, pero creo que la cuestión está clara. El tomó la decisión radical de pasar tiempo con personas al margen de la sociedad, y Su interrelación con ellas fue radical.

Jesús también tuvo un círculo de amigos, las personas con las que convivió. Y a las que escogió para Su círculo de allegados son otro ejemplo de la manera radical en que hacía las cosas.

En aquellos días se fue a orar a un cerro y pasó toda la noche en oración con Dios. Al llegar el día llamó a sus discípulos y escogió a doce de ellos, a los que llamó apóstoles: Simón, al que le dio el nombre de Pedro, y su hermano Andrés, Santiago, Juan, Felipe, Bartolomé, Mateo, Tomás, Santiago, hijo de Alfeo, Simón, apodado Zelote, Judas, hermano de Santiago, y Judas Iscariote, que fue el traidor. (Lucas 6:12–16)

Si Jesús se hubiera acercado a ti y te hubiera dicho, "Estos son los doce hombres que he escogido para cambiar el mundo", probablemente hubieras puesto en duda Su juicio. Los discípulos eran un grupo insólito, de pocas probabilidades, no el equipo de liderazgo formado por estrellas que la mayoría de nosotros querría si nuestra intención fuera empezar un movimiento que habría de transformar el mundo entero, y cada uno de ellos en toda forma imaginable. Por supuesto, el Evangelio es, principalmente, un llamado a la transformación espiritual, pero las implicaciones de esa transformación espiritual llegan a todos los rincones de la vida y de la sociedad.

Jesús rechazó completamente las normas sociales del momento cuando escogió a las personas con las que pasaba el tiempo. Y sospecho que haría lo mismo si estuviera vivo hoy. ¿Qué nos enseña eso acerca de las personas con las que pasamos el tiempo

Aquí hay dos lecciones para nosotros. Primera, todos necesitamos un grupo de personas con quienes convivir – personas que caminen con nosotros a través de lo bueno y de lo malo, que nos alienten y nos reten a ser la mejor versión de nosotros mismos.

Segunda, Jesús hizo un hábito de salir de Su camino para envolver a personas al margen de la sociedad. El no pasó todo Su tiempo con ellas. Tenía Sus amigos cercanos y su círculo íntimo. El punto es que nunca evitó a las personas al margen de la sociedad, y de hecho, hasta las encontraba voluntariamente.

¿Dónde están esas personas en tu vida?

Los Evangelios son una invitación a explorar toda la vida, a llegar más allá del centro cómodo de la vida y explorar los márgenes. Las partes de la vida que evitamos e ignoramos son precisamente las partes que más le interesaban a Jesús.

¿Qué dice eso de nuestra vida? ¿Cómo nos invita a cambiar? ¿Qué nos impide cambiar? ¿Qué tememos? Y ¿hemos siquiera considerado el otro lado de la pregunta? Más bien que formularla siempre negativamente, ¿Cuáles son las posibilidades positivas que podrían surgir si nos abriéramos para abrazar el Evangelio más plenamente?

PUNTO PARA REFLEXIONAR: Toda persona es tan importante y valiosa como la persona que consideres ser la más importante y valiosa.

VERSÍCULO PARA VIVIR: "Denle el favor al débil y al huérfano, hagan justicia al que sufre y al pobre; si los ven tan débiles e indigentes, sálvenlos de la mano de los impíos." SALMO 82:3-4

PREGUNTA PARA MEDITAR: ¿Qué está diciéndote Dios hoy por medio de esta enseñanza?

ORACIÓN: Jesús, ábreme los ojos para que pueda ver a cada persona que encuentre cada día como Tú la ves.

DIECIOCHO

Jesús Sobre el Estilo de Vida

LAS PERSONAS SON UNA PRIORIDAD para Dios.

Las personas fueron hechas para ser amadas, y las cosas fueron hechas para ser usadas. Pero con frecuencia esto es confundido y muchos de los problemas del mundo son causados porque amamos las cosas y usamos a las personas. .

Si quieres ver bien y honestamente cuáles son tus prioridades, saca tu chequera y la cuenta de tu tarjeta de crédito y examina las cosas en las que gastas el dinero. ¿Aún no estás seguro? Entonces saca tu planificador o calendario y explora las cosas a las que les dedicas tu tiempo.

¿Tenemos las prioridades de Jesús? ¿Estamos viviendo los valores del Evangelio?

Usualmente, la respuesta es sí y no. Sí hasta cierto punto, pero todavía hay mucho trabajo por hacer.

El mundo está tratando constantemente de seducirnos para que hagamos de las cosas, del dinero, de los logros y de la comodidad las prioridades de nuestra vida, Y todos les hemos rendido culto a estas cosas hasta puntos variados dándoles un lugar desmedido en nuestra vida.

Así que, de nuevo, Jesús nos reta a volver a considerar todo lo que tiene que ver con la manera en que vivimos.

Cosas y Personas

Tú has oído decir que, en la vida, las mejores cosas no son cosas. De modo que ¿cuáles son las mejores cosas en la vida? ¿Cuáles son las mejores cosas en tu vida en este momento? Y ¿cuáles son las mejores cosas que aún no están en tu vida porque tú ni siquiera sabes que deben estar?

Mucho de nuestro estilo de vida moderno está basado en tener cosas. Jesús rechazó la idea que las cosas deben tener un lugar principal en nuestra vida. Excepto las ropas que lo cubrían y las sandalias en Sus pies, Él no tenía nada. Y Sus enseñanzas afirmaron constantemente que las personas eran primordiales y las cosas eran secundarias.

Nuestra lujuria colectiva por el dinero y las cosas nos ha cegado para las necesidades reales y legítimas de tantas personas. Algunas de estas personas viven tan sólo a pocas cuadras de nosotros. Otras viven en el otro extremo del mundo. Todas son hijas de Dios y eso las hace hermanas nuestras.

El problema es que valoramos a unas personas más que a otras. Jesús no hace eso. Si un centenar de personas murió en un desastre natural en nuestra ciudad, esto ocupará nuestra atención por días, semanas, meses, hasta años. Si mil personas murieron en el otro extremo del mundo, puede que escasamente pensemos en eso otra vez después de ver la historia en las noticias.

¿Por qué valoramos más las vidas americanas que las vidas africanas? ¿Por qué no nos molesta que niños asiáticos cosan nuestros zapatos de correr en condiciones horrendas, por salarios que son escasamente suficientes para comprar comida? ¿Qué es tan importante? Zapatos baratos. Ropa barata. Barrenas baratas. Cosas baratas.

¿Estarías dispuesto a pagar un poco más? Nuestra búsqueda de más y más de todo está afectando vidas verdaderas. Nuestra búsqueda de lo más barato de todo está literalmente matando a personas en otras partes del mundo. Esas personas, allá en otros países, a quienes tan fácilmente apartamos de nosotros, son hombres y mujeres como tú y como yo, con esperanzas y sueños. Y tienen hijos tan preciosos para ellas como los tuyos lo son para ti. Nuestras cosas baratas vienen con una etiqueta con un precio: pena y sufrimiento.

Jesús quiere desafiar nuestra actitud y nuestra conducta hacia las cosas, porque afectan nuestra actitud y nuestra conducta hacia las personas.

La Madre Teresa escribió: "Vivan simplemente para que otras personas puedan simplemente vivir" ¿Cuántos de los problemas del mundo son causados porque con demasiada frecuencia amamos las cosas y usamos a las personas?

Dinero, Dinero, Dinero

En los cuatro Evangelios, Jesús habla sobre el dinero más que sobre cualquier otro tema. Sospecho que la razón es que nada se interpone entre nosotros y Dios como el dinero. Nada enredará más nuestros valores y nuestras prioridades como el dinero.

¿Tienes una relación sana con el dinero?

Hay miles de maneras de tener una relación malsana con el dinero. Puedes acumularlo o desperdiciarlo, usarlo para controlar al prójimo, o codiciarlo más. La lista es interminable.

Hay una manera de tener una relación sana con el dinero: Recordar que no nos pertenece. Todo le pertenece a Dios. El dinero y las cosas que tenemos, nos han sido simplemente confiados por El. Nosotros somos los administradores.

De la comprensión de esta realidad nace la generosidad del Evangelio. Así es, acertaste: la generosidad del Evangelio es radical.

Hambre de Ser Notados

Otro distintivo de nuestra cultura es nuestro deseo desmedido de ser notados, de sobresalir, y nuestra obsesión con la fama. Jesús no estaba interesado en estas cosas.

Uno de mis pasajes bíblicos favoritos se encuentra en el primer capítulo del Evangelio de Marcos. Jesús va a un pueblo y la gente le lleva a familiares y amigos para que los cure. El pasa la tarde curándolos. Temprano a la mañana siguiente, Simón llega buscando a Jesús, quien se ha ido a un lugar tranquilo para orar, y dice, "Todos están buscándote". Para nosotros habría una tendencia natural a querer bañarnos en la gloria de los sucesos, pero Jesús básicamente le dice a Simón, "Vámonos de aquí". (Marcos 1:35-38)

La gente de ese pueblo y muchos antes y después que ellos, hubieran estado más que felices de hacer a Jesús su líder. Hubieran estado más que felices colmándolo de alabanzas, estatus, riquezas, y todo lo bueno que este mundo tiene que ofrecer. El lo rechazó y siguió hacia el próximo lugar para cumplir Su misión.

No hay Ningún Lugar Como el Hogar

Considera el elemento más básico de nuestro estilo de vida. ¿Dónde vives? ¿A qué lugar le llamas hogar? El hogar es algo que la mayoría de nosotros da por sentado, Jesús no tenía eso. "Los zorros tienen cuevas, pero el Hijo del Hombre ni siquiera tiene donde recostar la cabeza". (Lucas 9:58)

Por supuesto, empezó con Su entrada radical en este mundo: un pequeño óvulo en el vientre de una mujer soltera. Después el pesebre. No tenía una reservación. El Rey de Reyes y Señor de Señores nació en un establo.

En toda Su vida pública no hay récord de Jesús yendo a Su hogar. Leemos sobre Su visita a la región de donde era, pero no hay nada sobre El regresando al hogar de Su familia y ciertamente no hay récord de que tuviera un hogar propio.

En todos mis años de estar viajando, lo más difícil ha sido estar lejos de mi hogar. Hay mil cosas que uno da por sentadas en el hogar – sentir su propia cama, la firmeza de sus almohadas, la temperatura y la habilidad para controlarla, los alimentos y bebidas favoritas en el refrigerador, y todas nuestras cosas. Cuando estamos de viaje no tenemos nada de esto. La vida viajando puede hacernos sentir inestables, desorientados, sueltos.

Cuando has estado lejos, ya sea por unos días o por muchos meses, llegar al hogar es una sensación maravillosa. Ansiamos el hogar. Las personas de toda nación y cultura celebran universalmente la sensación de llegar al hogar, porque es una prefiguración de nuestra jornada final hacia el hogar para estar con Dios en el Cielo por toda la eternidad.

PUNTO PARA REFLEXIONAR: Necesitas hacer algo con respecto a tu actitud referente al dinero, a las cosas, y a las personas.

VERSÍCULO PARA VIVIR: "No junten tesoros y reservas aquí en la tierra, donde la polilla y el óxido hacen estragos y donde los ladrones rompen el muro y roban. Junten tesoros y reservas en el Cielo". MATEO 6:19–20

PREGUNTA PARA MEDITAR: ¿De qué manera práctica puedes vivir esta enseñanza la semana próxima?

ORACIÓN: Jesús, por favor, reorganiza mis prioridades. Ayúdame a vivir como Tú un poquito más cada día.

DIECINUEVE

Los Milagros Abundan

ESTÁS RODEADO DE MILAGROS.

Al leer los Evangelios de Mateo, Marcos, Lucas, y Juan, constantemente somos testigos de los milagros de Jesús: convirtiendo el agua en vino, curando a los enfermos, haciendo que los ciegos vean, que los paralíticos caminen, expulsando demonios, alimentando a miles de personas con migajas, resucitando a muertos, calmando tormentas, caminando sobre el agua, haciendo oír a los sordos, para mencionar algunos solamente.

De los milagros de Jesús, ¿cuales son tus favoritos? Si pudieras realizar uno de ellos, ¿cuál escogerías? ¿Por qué?

Pregúntale a un montón de muchachos universitarios y escogerían cambiar el agua en vino. Pero pregúntale a la madre de una niña con una enfermedad crónica y escogería sanar a su hija.

Los milagros son radicales por su naturaleza y no debe sorprendernos que jueguen un papel importante en el ministerio de Jesús. Sus milagros combinan todos los aspectos de Su naturaleza radical.

Mas en otro sentido, Sus milagros fueron comunes. Fueron sencillos y prácticos, como Sus enseñanzas. Prestaban un verdadero servicio a la gente, no simplemente espectaculares con el propósito de ser espectacular. No requerían gran esfuerzo; eran, simplemente, una extensión de quien era Jesús. No fueron realizados para dar un espectáculo ni por una necesidad egoísta.

Hacer caminar al inválido, darle la visión al ciego, liberar a los cautivos – fueron radicales. Perdonarles los pecados a las personas – aún más radical. Y éstos fueron simplemente aspectos diarios de la vida de Jesús.

Es fácil caer en la trampa de colocar estos milagros en lugares lejanos con personas que nunca conociste. Mas también están aquí y ahora. Es un milagro que nos perdone los pecados aún sabiendo que volveremos a pecar. ¿Perdonarías a alguien sabiendo que volvería a hacerlo?

Parte de la invitación de Jesús es llevarle el milagro de Su amor al prójimo.

Tengo un amigo que ha tenido una vida muy difícil. Hace unos pocos años, noté algo que ha estado frente a mis ojos toda mi vida, pero nunca había conectado los puntos. Siempre que vamos a una reunión social de cualquier tipo, él pasa la mayor parte de su tiempo con la persona más increíble. Cuando estuve consciente de esto, le pregunté sobre ello. El me explicó que ha sufrido mucho en su vida, y puede saber cuando alguien está sufriendo. Lo sondeé un poquito más y esto es lo que me dijo: "Cuando entro en cualquier lugar, busco a la persona que está sufriendo más y trato de suavizar su dolor de cualquier manera posible".

He visto a este amigo participar en milagros cotidianos con este sencillo enfoque, que me parece viene derecho del Evangelio. Pero cuando la mayoría de las personas entra a un lugar, busca a las personas con las que disfrutará más conversando, de las que necesita un favor, o con las que ser visto es más ventajoso socialmente.

Jesús no hizo esto.   Al igual que mi amigo, parece que Jesús miraba alrededor del salón y buscaba a la persona más adolorida o necesitada.

Los Evangelios nos invitan a hacer cosas pequeñas con gran amor.   Piensa en todas las oraciones que rezan las personas cada día.   Solamente un número muy pequeño de esas oraciones requiere la intervención directa de Dios.   Personas corrientes como tú y como yo pueden responder la mayoría de las oraciones.

Si simplemente aprendiéramos a reconocer las necesidades y el dolor de las personas, hay tantas oraciones que Dios quiere usarnos para responderlas.   Demasiadas se quedan sin responder porque personas corrientes como tú y como yo no dejan que el Espíritu Santo las guíe.

PUNTO PARA REFLEXIONAR: Dios quiere ver tu asombro.

VERSÍCULO PARA VIVIR: "El que crea en mí hará las mismas obras que yo hago y, como ahora voy al Padre, las hará aún mayores". JUAN 14:12

PREGUNTA PARA MEDITAR: ¿A la oración de quién serás la respuesta hoy?

ORACIÓN: Jesús, enséñame a reconocer la oportunidad para milagros diarios.

VEINTE

Amor Radical

LA VIDA ES UN CURSO PLANEADO PARA
enseñarnos a amar.

Hay muchos tipos diferentes de amor. Está el afecto, que es una afición desarrollada a través de la familiaridad, más comúnmente encontrado en familias. Está la amistad, como el amor que existe entre amigas, o *compañeras*, como diríamos en Australia. Está el amor romántico, la experiencia de estar enamorado o amando a alguien en particular sobre todas las otras personas. Y está el amor ágape, el amor incondicional del que Jesús es nuestro modelo.

La manera en que respondemos a todo lo que pasa en nuestra vida nos causa amar más o menos. Algunas veces nos alejamos del amor porque no queremos ser lastimados. Y otras veces, porque tenemos miedo de a dónde nos llevará.

Mas la sabiduría está en darse cuenta de que el amor es el único camino. Y, no obstante, una vez que nos demos cuenta de esto, aún puede ser una lucha diaria aplicar su sabiduría a los eventos de nuestra vida. No es nuestra inclinación natural amar incondicionalmente, especialmente cuando nos han hecho mal.

Es aquí cuando entra Jesús. El viene a enseñarnos amor 'ăgape', a enseñarnos a amar sin condiciones.

Los Evangelios son la guía suprema al amor 'ăgape'. Este amor no es egoísta, es sacrificado, generoso, e incondicional. Por contraste, los tipos de amor que son ampliamente proclamados y practicados en la sociedad moderna son indignantemente condicionales. Esto crea una tremenda confusión con respecto al amor.

Los jóvenes están obsesionados con agradar, ser queridos, deseados y aceptados, y harán casi cualquier cosa por lograrlo. Mas en lo profundo, ¿qué es lo que quieren en realidad? Amor 'ăgape'. Quieren ser amados no por cómo lucen o por lo que pueden hacer por otra persona, sino simplemente por quienes son. Así es como Dios nos ama. Nuestra ansia de ser amados es ansia de Dios.

Y no son solamente los jóvenes. Esta confusión del amor ahora es una crisis de todas las generaciones. Tantos hombres y mujeres tienen una relación permanente desde hace tiempo en la que su aceptación está basada en cómo lucen o en lo que harán por la otra persona. Viven con un temor constante a que si dejan de lucir de cierta forma o si ya no satisfacen a su pareja serán olvidados. Estas relaciones dan lugar a todo tipo de paranoia y neurosis. Estos son los frutos del control y la manipulación, no los frutos del amor.

El amor que Dios quiere darte – y el amor que El quiere que le des al prójimo – es radicalmente diferente. Dios te ama no por cualquier cosa que hagas por El. Si tienes hijos, probablemente comprendes este amor más ahora que antes de tenerlos. Los padres aman a sus hijos no por lo que hacen, sino simplemente porque son suyos. Ellos reciben de Dios ese instinto, esa habilidad para amar por amor.

El amor desea profundamente todo lo que es bueno para la otra persona. Es por esto que todos los días en todos los países, sea cual sea la religión o la cultura, los padres se sacrifican por sus hijos. Dan la vida por el bien de sus hijos. Este amor sacrificado es inspirador. Inspira en un padre, y sin embargo palidece en comparación con el indignantemente generoso amor sacrificado que Jesús mostró muriendo por nosotros en la cruz.

Morir en la cruz fue radical. Jesús era inocente y podía haber escapado y evitar todo el dolor y el sufrimiento. Morir en la cruz fue radical. La cruz es amor radical. "No hay amor más grande que dar la vida por sus amigos" (Juan 15:13) Jesús se vació por nosotros en la cruz, pero esto fue simplemente la suprema expresión de lo que había estado haciendo diariamente durante Su vida pública. Constantemente estaba vaciándose por los demás. Después se iba a un lugar tranquilo a recuperar energías para poder vaciarse otra vez.

La mayoría de los radicales encabezan revoluciones. Hay revoluciones económicas y revoluciones políticas. Hay revoluciones ideológicas y revoluciones sociales. Muchas son violentas y algunas son egoístas. Con frecuencia los líderes de revoluciones tienen más que ganar. La mayoría de las revoluciones ayuda a unos y daña a otros. Pero la revolución de Jesús ayudó a todo el mundo. Su revolución es una revolución de amor, de amor radical.

Encontramos la más pura expresión de ese amor en la cruz. Lo que es aún más radical es que El nos invita a amar radicalmente también. Tomemos la decisión, ahora mismo, de amar como nunca hemos amado antes.

"El amor es paciente; es bondadoso; no es envidioso ni jactancioso ni orgulloso ni se comporta con rudeza. No es egoísta; no se enoja fácilmente ni guarda rencor. El amor no se deleita en la maldad, sino que se regocija con la verdad. Todo lo disculpa, todo lo cree, todo lo espera, todo lo soporta". (1 Corintios 13:4–7)

PUNTO PARA REFLEXIONAR: Al final, cuando te enfrentes a Dios, quizás lo que El te pregunte sea: ¿Cuán bien amaste?

VERSÍCULO PARA VIVIR: "Padre, en tus manos encomiendo mi espíritu". LUCAS 23:46

PREGUNTA PARA MEDITAR: : ¿Por qué estás dando tu vida?

ORACIÓN: Jesús, enséñame a amar con abandono.

VEINTIUNO

El Evento Principal

TIENE QUE HABER SIDO ALGÚN DOMINGO POR la mañana.

El momento más radical de la historia del mundo tuvo lugar ese Domingo por la mañana cuando Jesús resucitó de entre los muertos. Ignóralo si quieres, pretende que no pasó, pero es simplemente imposible entender la vida y la historia sin reconocer la Resurrección.

Creo que probablemente podría escribir todo un libro sobre la Resurrección y no lograr lo que Lee Strobel logró en el breve artículo siguiente:

"Cómo la Pascua de Resurrección Mató Mi Fe en el Ateísmo"

Como ateo, fue la peor noticia que pude recibir: mi agnóstica esposa había decidido hacerse cristiana. Dos palabras pasaron por mi mente. La primera fue un expletivo; la segunda "divorcio".

Creí que se iba a convertir en una santa matrona moralmente superior. Pero en los meses siguientes me intrigaron los cambios positivos de su carácter y de sus valores. Finalmente, decidí tomar mi entrenamiento periodístico y legal (yo era el editor legal del Chicago Tribune) y sistemáticamente investigar si había alguna credibilidad en el cristianismo.

Quizás resolvería cómo sacarla de este culto.

Rápidamente determiné que la alegada resurrección de Jesús era la clave. Cualquiera puede reclamar ser divino; pero si Jesús apoyó Su reclamación resucitando de entre los muertos, entonces esa era una evidencia muy buena de que estaba diciendo la verdad.

Durante casi dos años exploré las nimiedades de la información histórica acerca de si la Pascua de Resurrección era un mito o una realidad. No acepté el Nuevo Testamento de por sí simplemente; estaba determinado a considerar solamente hechos que estaban bien sustentados históricamente. A medida que mi investigación se desarrollaba, mi ateísmo empezó a flaquear.

¿Fue Jesús realmente ejecutado? En mi opinión, la evidencia es tan firme que hasta el historiador ateo Gerd Ludermann dijo que Su muerte por crucifixión era "indisputable".

¿Estaba vacía la tumba de Jesús? El erudito William Lane Craig señala que su lugar era conocido tanto por cristianos como por no cristianos. De modo que si no hubiera estado vacía, habría sido imposible que un movimiento basado en la resurrección se disparara a existir en la misma ciudad donde Jesús había sido ejecutado públicamente unas semanas antes solamente.

Además, hasta los opositores de Jesús admitieron implícitamente que la tumba estaba vacía diciendo que su cuerpo había sido robado. Mas nadie tenía un motivo para tomar el cuerpo, especialmente los discípulos. Ellos no hubieran estado dispuestos a sufrir la muerte brutal de un mártir si sabían que todo era una mentira.

¿Vio alguien a Jesús vivo de nuevo? He identificado no menos de ocho fuentes antiguas, tanto en el Nuevo Testamento como fuera de él, que desde mi punto de vista confirman la convicción de los apóstoles que encontraron al Cristo resucitado. Repetidas veces estas fuentes se mantuvieron firmes cuando traté de desacreditarlas.

¿Pudieron estos encuentros ser alucinaciones? De ninguna manera, me dijeron expertos. Las alucinaciones ocurren en cerebros individuales, como los sueños; sin embargo, según la Biblia, Jesús se apareció a grupos de personas en tres ocasiones distintas – ¡incluyendo a 500 a la vez!

¿Fue esto alguna clase de visión causada, tal vez, por el dolor de los apóstoles por la ejecución de su líder? Esto no explicaría la dramática conversión de Saúl, un opositor de los cristianos, o de Santiago, el una vez escéptico medio hermano de Jesús.

Ninguno estaba preparado para una visión; no obstante, cada uno vio al Jesús resucitado y el último murió proclamando que se le había aparecido. Además, si éstas fueron visiones, el cuerpo aún hubiera estado en la tumba.

¿Fue la resurrección la reestructuración de la mitología antigua, similar a los cuentos extravagantes de Osiris y Mitras? Si quieres ver a un historiador reírse a carcajadas, menciona esa clase de tontería de la cultura pop.

Mis objeciones se evaporaron una por una. Leí libros escritos por escépticos, pero sus argumentos en contra se desmoronaron bajo el peso de la información histórica. No es de extrañarse que los ateos se queden cortos en debates intelectuales sobre la resurrección.

Al final, después de haber investigado a fondo el asunto, llegué a una conclusión inesperada: en realidad, tomaría más fe mantener mi ateísmo que convertirme en un seguidor de Jesús.

Y es por eso que ahora estoy celebrando mi trigésima Pascua de Resurrección como cristiano. No por ilusiones o por temor a la muerte o por necesidad de una muleta psicológica, sino por los hechos.

¡Resucitar de entre los muertos! ¡Qué maravilla! La prueba suprema de que Jesús era un radical es también la premisa central del cristianismo. Este es el evento principal. Sin la Resurrección, el cristianismo es una tontería, nos dice Pablo (1 Corintios 15:12–14).

¿Pasó realmente la Resurrección de Jesús? Aunque hay muchas evidencias que se lo sugieren al corazón abierto y honesto, yo no puedo probarlo. Tiene que haber lugar para la fe; de otra manera se llamaría certeza.

Mas si realmente pasó, si Jesús resucitó de entre los muertos, ¿Qué más queda por decir?

PUNTO PARA REFLEXIONAR: Dios quiere resucitarte de alguna manera específica.

VERSÍCULO PARA VVIR: "Ustedes están buscando a Jesús de Nazaret.... ¡El ha resucitado! No está aquí". MARCOS 16:6

PREGUNTA PARA MEDITAR: ¿Qué área de tu vida necesita resurrección ahora mismo?

ORACIÓN: Jesús, desata el poder de Tu Resurrección. Resucita el área de mi vida que más lo necesita hoy.

VEINTIDOS

Más Allá de Un Empujoncito

DIOS TIENE EN MENTE UNA TRANSFORMACIÓN

poderosa, asombrosa, maravillosa para ti.

De vez en cuando surge un debate sobre por qué las personas no leen más la Biblia. Estas discusiones siempre dan lugar a una variedad de razones, que entonces son exploradas, discutidas y analizadas. Las razones populares incluyen: Las personas son intimidadas por los varios textos antiguos. Y las personas están muy ocupadas simplemente.

Una de las razones por las que no leemos la Biblia más es porque nos hemos convertido en una sociedad cada vez más impaciente. La Biblia no es como otros libros. Requiere paciencia. Es como cuando encuentras a una persona fascinante; toma tiempo llegar a conocerla.

Mientras más impacientes nos hemos vuelto como sociedad, más han sufrido nuestras relaciones. La paciencia está en el centro de cualquier gran relación, porque se necesita paciencia para escuchar y realmente comprender el corazón de otra persona.

La Biblia nos ayuda a conocer el corazón de Dios y el del hombre. Eso toma tiempo. No es un libro de autoayuda, en el que cada línea está llena de clichés y de directrices paso a paso. Se trata de aprender el corazón de Dios y nuestro propio corazón.

Pero, de una manera profundamente subconsciente, la explicación de por qué no leemos más la Biblia es profundamente profunda: *Sabemos* que la Palabra de Dios tiene el poder de transformar nuestra vida, y la incómoda, tácita, y frecuentemente evitada verdad es que no queremos que nuestra vida sea transformada. Sé honesto. ¿Quieres que Dios revise completamente tu vida y te transforme totalmente?

La transformación puede parecer atractiva en un momento de santa e idealista exuberancia lleno de felicidad o en un momento de crisis, pero la realidad cotidiana es que nos gusta distanciarnos de la labor interior que requiere producir esa transformación.

La larga historia de la relación de Dios con la humanidad siempre ha mostrado Su preferencia por la colaboración sobre la intervención. Dios no tronará Sus dedos y producirá la clase de transformación de la que estamos hablando aquí. Él desea una colaboración dinámica con cada uno de nosotros. Dios quiere que hagamos nuestra parte.

Así que no, no queremos necesariamente que nuestra vida sea transformada. Seguro, queremos un empujoncito, pero no una transformación. Este deseo de un empujoncito es selectivo y egoísta, mientras que la transformación es total y desinteresada.

Evitar la transformación ejerce un impacto muy real en nuestra espiritualidad. Una vez que abandonamos la transformación que es la vida cristiana, nuestro enfoque cae en el empujoncito; nuestra espiritualidad se vuelve mediocre y muy egocéntrica. Entonces empezamos a rezar por un empujoncito: Dios querido, por favor dale un empujoncito a esto...y a eso...y a mi esposa o a mi esposo ... y dale otro empujoncito a mi esposa porque no funcionó la primera vez...y a mis hijos...y a mi jefe...y a mis colegas en el trabajo...y al entrenador de fútbol de mi hijo...y a la maestra de mi hija...y a nuestro párroco...y a los políticos...

Rezamos por empujoncitos — y entonces nos preguntamos por qué Dios no responde nuestras oraciones. La razón es sencilla: Dios no está en el negocio del *empujoncito*. Está en el negocio de la *transformación*.

La otra triste, trágica, miserable verdad es que la mayoría de nosotros nunca ha rezado una oración de transformación — ni siquiera una vez en la vida. La mayoría de nosotros nunca se ha puesto ante Dios y ha rezado:

> Padre amoroso,
> Aquí estoy.
> Confío en que tienes un plan increíble para mí.
> Transforma mi vida.
> Todo está sobre la mesa.
> Toma lo que quieras tomar y da lo que quieras dar.
> Transfórmame en la persona que Tú me destinaste a ser cuando me creaste
> Y transforma mi vida en una vida que pueda ser útil para Tus propósitos, como tú la previste para mí.
> No estoy reteniendo nada;
> Estoy cien por ciento disponible.
> ¿Cómo puedo ayudar?
> Amén.

Si quieres ver milagros, reza esa oración. Si quieres ver y experimentar milagros en tu propia vida, reza una oración incondicional de transformación. Esa es una oración que Dios responderá. Dios siempre responde una oración de transformación. Nunca, ni una vez en la historia del mundo Dios ha dejado de responder una sincera oración de transformación.

Necesitamos empezar a rezar oraciones que Dios pueda responder fácilmente. Cuando queremos lo que Dios quiere, se Le vuelve fácil responder nuestras oraciones. Pero con demasiada frecuencia usamos la oración como un vano e inútil intento de imponerle nuestra voluntad a Dios.

Así que ¿qué va a ser: Más empujones o estás listo para la transformación?

PUNTO PARA REFLEXIONAR: La mariposa emerge del capullo; es una hermosa transformación.

VERSÍCULO PARA VIVIR: "Toda persona que está en Cristo es una creación nueva. Lo antiguo ha pasado, lo nuevo ha llegado". 2 CORINTIOS 5:17

PREGUNTA PARA MEDITAR: ¿Qué será lo más difícil de dejar que Dios te transforme y transforme tu vida?

ORACIÓN: Jesús, mantén el deseo de transformación vivo en mi corazón.

VEINTITRÉS

Al Revés

DIOS QUIERE VIRAR TU VIDA AL REVÉS.

Más vale que te lo diga ahora. Hemos estado evadiéndolo. Jesús quiere virar tu vida al revés – que en realidad será al derecho. Quiere virar al revés tu matrimonio, tu paternidad, tus finanzas personales, tu carrera, tu salud y tu bienestar, tu escuela y tu iglesia. Si dejas que Jesús vire tu vida al revés, serás más feliz que lo que jamás hayas imaginado que fuera posible. Y no sólo tendrás felicidad – ¡tendrás alegría!

Esto es lo que hace Jesús. Transforma radicalmente la vida de las personas que encuentra, volviendo a arreglar sus prioridades. Tal vez sea por eso que evitamos un encuentro profundamente personal con Jesús, porque tememos esa transformación radical. Pero dentro de unos años miraras al pasado y verás cosas que creías que eran muy importantes y te darás cuenta de que no lo eran – y que tus nuevas prioridades tienen más verdad, más belleza y más sabiduría.

Vuelve a Descubrir a Jesús

En los Evangelios vemos a Jesús desafiando las prioridades de las personas y transformando su vida radicalmente en el proceso. ¿Tienes una historia favorita de transformación de los Evangelios?

La historia de Zaqueo es una historia de transformación maravillosa y radical. Es muy breve, pero contiene algunas líneas hermosas. Empieza diciéndonos quién era Zaqueo, y entonces dice que "Quería ver cómo era Jesús". Esto nos dice que él estaba buscando a Jesús proactivamente. Estaba haciendo un esfuerzo. Estaba curioso. Zaqueo se subió a un árbol para alcanzar a ver a Jesús, y Jesús le dijo que se bajara y lo invitara a comer en su casa. Entonces se nos dice, "Zaqueo bajó rápidamente y lo recibió con alegría". No hay récord de que Jesús le dijera haz esto o aquello, o que tenía que cambiar su vida. Aparentemente, la presencia de Jesús fue suficiente para transformar a Zaqueo, quien le dijo, "Señor, voy a dar la mitad de mis bienes a los pobres, y a quien le haya exigido algo injustamente le devolveré cuatro veces más". No necesitó que alguien le dijera lo que debía hacer; su corazón prescribió la transformación que se necesitaba (Lucas 19:1–10).

¿Estamos buscando a Jesús proactivamente? ¿Estamos haciendo un esfuerzo para experimentarlo? ¿Estamos curiosos acerca de El? ¿Estamos felices de recibirlo? ¿Qué cambio está prescribiendo tu corazón para tu vida?

Los Evangelios presentan un constante fluir de personas encontrándose con Jesús. Cada una de ellas respondió de una manera distinta. Unas cuantas respondieron con el incontenible entusiasmo de Zaqueo. Podríamos tener la tentación de pensar que la variedad de respuestas se debió a circunstancias externas, pero lo más probable es que se debieran a la disposición del corazón. Lo vemos en la historia de los diez leprosos que curó Jesús. Todos ellos encontraron a Jesús el sanador, pero sólo uno volvió con un corazón agradecido (Lucas 17:11–19).

Otro ejemplo obvio de transformación radical es el llamado de los discípulos. Pero hubo otros cuya respuesta a Jesús fue mucho más gradual. Piensa en la historia de Nicodemo. Su respuesta no se limita a un pasaje de los Evangelios, sino que más bien se desarrolla con el tiempo.

Primero leemos sobre Nicodemo yendo a Jesús por la noche; supuestamente, para que nadie lo viera consultándolo. Conversaron y Nicodemo dijo , "¿Cómo puede ser eso?" (Juan 3:9). Para muchas personas su primer encuentro con Jesús fue suficiente para provocar una profesión de fe y una transformación radical, pero para otras no fue así. Nicodemo sólo tenía preguntas. Con frecuencia, las personas tienen un ansia profunda, una sensación de que tiene que haber algo más en la vida, que hay alguna gran verdad que aún tienen que descubrir. Tal vez esto es lo que Nicodemo estaba experimentando cuando se acercó a Jesús por primera vez.

Más tarde, Nicodemo trata de defender a Jesús diciéndole a los otros fariseos, "¿Acaso nuestra ley permite condenar a un hombre sin escucharle antes y sin averiguar lo que ha hecho?". (Juan 7:51)

Finalmente, leemos sobre Nicodemo acompañando a José de Arimatea para pedirle a Pilato el Cuerpo de Jesús. Llevaba setenta y cinco libras de áloe y mirra. Juntos, los dos hombres bajaron el Cuerpo de Jesús de la cruz, lo llevaron a la tumba, lo envolvieron con especias y lienzos para el enterrarlo. (Juan 19:38–42).

Una de las obras de caridad cristianas es enterrar a los muertos. Lo que hicieron José y Nicodemo fue la obra de caridad suprema de la historia. Nicodemo hizo todo esto poniendo en gran riesgo su reputación y su seguridad. Piensa en el valor increíble que esto requeriría.

¿Qué le impidió a Nicodemo abrazar a Jesús incondicionalmente? Estaba preocupado por el pensar de la gente — esa es la explicación más probable de por qué fue a Jesús de noche. El era un hombre sabio y educado. Lo que sí sabemos es que tenía un deseo persistente de buscar y encontrar la verdad. Sólo cosas buenas pueden venir de buscar la verdad continuamente.

En cada una de estas personas que encontraron a Jesús encontramos una parte de nosotros mismos. De alguna manera, ¿quién no puede hacerse eco del joven rico?

El joven rico buscó a Jesús proactivamente. No esperó a que Jesús lo buscara a él; él se acercó a Jesús. Claramente, estaba tratando de llevar una buena vida. Y no fue Jesús quien estaba diciendo, "Puedes hacer más". Su propio corazón se lo dijo. Finalmente, Jesús dijo, "...vende todo lo que tienes y reparte el dinero entre los pobres...Después, ven y sígueme". (Marcos 10:21)

Si Jesús te pidiera hacer esto hoy, ¿podrías?

"Al oír esto se desanimó totalmente, pues era un hombre muy rico, y se fue triste". (Marcos 10:22) Esta es la única vez que la palabra *triste* es usada en los Evangelios. Cuando nos alejamos de Jesús, siempre es un camino triste.

Me pregunto qué le pasó a ese joven. ¿Cambió de opinión más tarde? ¿Cuánto tiempo tomó para que se ablandara su corazón? ¿Se convirtió en uno de los primeros cristianos? Hay tantas preguntas que los Evangelios hacen surgir. Tantas personas participan en la historia brevemente. Sólo llegamos a asomarnos a su vida; ni siquiera conocemos el nombre de muchas de estas personas. Sin embargo, me encuentro preguntándome qué les pasó. No sabemos qué le pasó a Nicodemo. ¿Se volvió cristiano? La mujer a quien Jesús salvó de ser apedreada, que había sido sorprendida cometiendo adulterio ¿se fue y no volvió a pecar?

Lázaro es otra persona que me fascina. Jesús lo resucitó de entre los muertos. ¿Cómo es vivir en este lado de la muerte una vez que has experimentado su otro lado? ¿Cómo cambió su visión del mundo?

Me recuerda una historia que oí una vez sobre gemelos en el útero. Uno se vuelve al otro y dice, "Me pregunto si hay vida después del nacimiento" La realidad de la vida en la Tierra es asombrosa cuando la comparamos con la vida en el vientre, y sospecho que, de la misma manera, la vida después de la muerte es asombrosa comparada con la vida aquí en la Tierra. De modo que ¿cómo fue para Lázaro venir de esa realidad más grande a esta realidad menor? ¿Deseó que Jesús no lo hubiera resucitado de entre los muertos? Los Evangelios están llenos de preguntas fascinantes.

Hubo personas que abrazaron a Jesús inmediatamente, otras lo hicieron lentamente, y otras lo rechazaron. Pilato, por ejemplo, simplemente no pudo cuadrar a Jesús con su visión mundana, porque su visión estaba dominada por el poder, la ambición, el control, y las cosas de este mundo, y el corazón del que brotaba, simplemente lo incapacitó para aceptar la realidad de Jesús.

Hubo otros a quienes les tomó un largo tiempo reaccionar. El centurión junto a la cruz no se dio cuenta de quién era Jesús hasta que murió, cuando proclamó, "Verdaderamente este hombre era hijo de Dios". (Marcos 15:39) Esta fue la primera vez que un ser humano proclamó que Jesús era el Hijo de Dios.

Y los encuentros radicalmente transformadores con Jesús no cesaron cuando El murió.

La historia de conversión más famosa de todos los tiempos es la de Saúl, el judío que odiaba a los cristianos, que hizo de perseguirlos y erradicarlos su misión personal. Si hubiera sido por él, todo cristiano habría estado muerto o preso; pero todo eso cambió durante un viaje a Damasco. "Mientras iba de camino, ya cerca de Damasco" (Hechos 9:3) se nos dice que Jesús se le apareció. Fue transformado para siempre, cambió su nombre a Pablo, y se convirtió en el más dedicado discípulo de Jesús.

Tiene que haber sido una experiencia increíble, porque Pablo habría de sufrir tremendamente el resto de su vida por creer en Jesús, Los judíos trataron de matarlo por enseñar públicamente que Jesús era el Hijo de Dios, y fue puesto en prisión varias veces y por años fue privado de su libertad y de su dignidad antes de ser ejecutado durante la persecución de Nerón a los cristianos del 64 al 68 DC.

La transformación de Pablo fue radical e incondicional. Por más de dos mil años Jesús ha estado transformando radicalmente la vida de hombres, mujeres, y niños en todos los rincones del mundo. Pero eso es historia. Ahora quiere transformarte a ti y transformar tu vida radicalmente. ¿Estás listo?

Jesús fue un radical, y quiere ejercer un impacto radical en tu vida. El Evangelio es una invitación radical a la rendición y a la transformación. Hace dos mil años fue radical y aún lo es hoy.

¿Es menos radical amar a tu enemigo hoy día que hace dos mil años? ¿Es más fácil amar a tu enemigo hoy día que hace dos mil años? No. ¿Por qué? Porque se trata de algo personal, se trata de ti. Hay lecciones que cada uno de nosotros tiene que aprender para abrazar y vivir por nosotros mismos.

El Evangelio ha ejercido un impacto radical en innumerables vidas desde que Jesús caminó en la Tierra, y está garantizado que hará un impacto radical en tu vida si te abres a él.

PUNTO PARA REFLEXIONAR: Sé receptivo.

VERSÍCULO PARA VIVIR: Crea en mí, oh Dios, un corazón puro, renueva en mi interior un firme espíritu". SALMOS 51:12

PREGUNTA PARA MEDITAR: ¿Qué está impidiendo que te pongas a la disposición de Dios?

ORACIÓN: Jesús, hoy házme estar cien por ciento disponible para Ti.

VEINTICUATRO

La Distancia

TODO EL MUNDO TIENE UNA DISTANCIA QUE eliminar.

El Domingo, en la Iglesia, después que se ha leído el Evangelio, con frecuencia me pregunto: "¿Cuánto cambiaría mi vida si tan sólo viviera esta lectura del Evangelio 100%? Cada Domingo la respuesta es la misma: radicalmente. Mi vida cambiaría radicalmente si tan sólo viviera una parábola o una enseñanza de cualquiera de los cuatro Evangelios 100%.

Lo que eso me dice es que hay una distancia entre mi vida y el Evangelio. Y es una gran distancia. Es una distancia obvia. No es siquiera una distancia cercana. Hay una distancia enorme entre mi vida y la vida que Jesús me invita a llevar en el Evangelio.

Es bueno reconocer la distancia. Parece que parte del problema es que la mayoría de nosotros piensa que somos bastante buenos cristianos. Pero ¿comparados con qué? Si nos comparamos con lo que vemos en las películas, seguro, muchos de nosotros podrían ser casi considerados santos. Mas ¿es esa la verdadera medida de un cristiano? No lo creo. Tal vez tú miras a tu derredor y ves a un amigo que es un alcohólico, un padre negligente, otro que es un adicto a la pornografía, y otro que está envuelto en una relación adúltera con su vecina. Quizás comparado con ellos tú seas un cristiano excelente.

Pero cuando el joven fue a Jesús y le dijo, 'Maestro bueno, ¿qué tengo que hacer para heredar la vida eterna?" Jesús no dijo, "oh, simplemente sé mejor que las personas que te rodean" (Lucas 18:18)

Todos pueden encontrar una comparación que los haga sentirse bien con sí mismos. Esta farsa nos ayuda a engañarnos de mil maneras. Este es el pecado de la comparación.

Puede que algunas personas vean la distancia entre la vida que estoy llevando y el Evangelio y me juzguen. Puede que estén tentadas a pensar, "Dice que es cristiano pero hace esto o aquello". Puede que tengan la tentación de decir, "Es un hipócrita". Estarían en lo cierto. No tengo defensa. Cada día lucho para llevar la vida a la que Jesús nos invita. Soy débil y estoy fragmentado. Tengo parcialidades y prejuicios. Soy un pecador. Pero saber que soy un pecador no es lo mismo que detestarme a mí mismo. Así que no me daré por vencido. Seguiré tratando de ser mejor y de hacer mejor

A pesar de esta distancia, todavía me considero un discípulo de Jesús. Ser cristiano no se trata de ser perfecto. Pertenecer a los seguidores de Jesucristo no requiere perfección. Pero sí requiere que luchemos para vivir como Jesús nos invita a vivir. Y eso significa trabajar diligentemente para eliminar la distancia.

Digo diligentemente, porque ser cristiano requiere intencionalidad proactiva. No pasa simplemente. Requiere que busquemos activamente a Dios y Su voluntad en las situaciones de la vida diaria, y que trabajemos cada día para eliminar la distancia entre la persona que somos y la persona que El nos creó para que seamos. Es luchar para ser la mejor versión de nosotros mismos, y ello nos anima.

Así que ¿cómo trabajamos para eliminar la distancia? Acercándonos a Jesús.

A lo largo de la vida de Jesús vemos a una persona tras otra clamando acercarse a El. Para las personas de Su tiempo. Era obvio que tenía poderes especiales y que estando cerca de El, simplemente, podría ser tremendamente beneficioso. Como resultado, dondequiera que estuviera, las personas se aglomeraban a Su alrededor. Si estaba enseñando en la sinagoga, caminando por la calle, o comiendo en casa de alguien, las personas hacían lo imposible para acercarse a El.

Uno de los ejemplos más impactante de esto en las Escrituras es la mujer que había estado sufriendo por doce años de una enfermedad, quien dice, "con sólo tocar su manto, me salvaré". (Mateo 9:21)

¿Cuándo fue la última vez que hiciste lo imposible para acercarte a Jesús?

Dos mil años de cristianismo y aún la sabiduría de vivir el Evangelio en cualquier época no cambia: Acércate a Jesús y permanece cerca de El.

Si quieres permanecer cálido, lo mejor es permanecer cerca del fuego. Si quieres vivir una vida cristiana, lo mejor es permanecer cerca de Jesús.

Hay tantas maneras de acercarse a Jesús. Algunas son sencillas y pueden practicarse en el fluir de nuestra actividad cotidiana, mientras que otras requieren un tiempo y un lugar apartados de este mundo ocupado y ruidoso. Pero todas requieren esfuerzo.

Al principio de nuestro tiempo juntos te prometí un punto de partida sencillo. En las cuatro secciones próximas voy a darte una idea general de cuatro maneras prácticas de acercarse a Jesús, permanecer cerca de El, y eliminar la distancia. Hay cientos de maneras de acercarse a Jesús, pero escogí estas cuatro porque sabía que hasta la persona más ocupada podría hacerlas. Este es un camino para personas ocupadas.

Así que permíteme poner ante ti cuatro maneras de volver a descubrir a Jesús diariamente:

1. **Lee los cuatro Evangelios**, una y otra vez, por quince minutos cada día.

2. **Practica El Proceso de la Oración.** Este es un proceso sencillo designado a ayudarte a entrar en una conversación diaria con Jesús

3. **Niégate a ti mismo.** Encuentra un puñado de pequeñas maneras para negarte a ti mismo cada día.

4. **Practica la oración espontánea.** Háblale a Jesús sobre los eventos de tu día a medida que se estén desarrollando.

¿Cómo quisieras que cambiara tu vida? ¿Con qué aspectos de tu vida estás descontento? En distintos momentos, todos queremos que nuestra vida cambie. ¿Cuán diferente quisieras que fuera tu vida de aquí en un año?

Nuestra vida cambia cuando nuestros hábitos cambian. Dios usa hábitos nuevos para transformarnos. Estos cuatro hábitos ejercerán un impacto hermoso y radical en tu vida si tú los dejas enraizarse profundamente en tu vida.

Así que empieza ahora. Este es un nuevo comienzo. Sé audaz. Abrázalo con el entusiasmo de un niño. Resiste cualquier tentación a postergarlo. Elimina la distancia.

Empieza ahora.

PUNTO PARA REFLEXIONAR: No le tengas miedo a lo que Dios te está invitando ahora mismo.

VERSÍCULO PARA VIVIR: "Si Dios empezó tan buen trabajo, en ustedes, estoy seguro de que lo continuará hasta concluirlo el día de Cristo Jesús". FILIPENSES 1:6

PREGUNTA PARA MEDITAR: ¿Por qué te resistes a la felicidad con la que Dios quiere llenarte?

ORACIÓN: Jesús, dame valor para empezar y valor para continuar.

VEINTICINCO

Hurga en los Evangelios

ENCUÉNTRATE EN LOS EVANGELIOS.

Cuando tenía unos quince años, mi mentor espiritual me dio una Biblia vieja y me alentó a leer los Evangelios. Había oído historias leídas en la iglesia cada semana, pero nunca había leído los Evangelios, ni siquiera uno de ellos, del principio al fin.

Cambió mi vida. Me di cuenta de que Jesús no es una figura histórica solamente. Está vivo y con nosotros en todo lo que hacemos.

En ese momento no sabía que el hombre que me había dado la Biblia estaba convirtiéndose en mi mentor espiritual. Pensé que se trataba simplemente de otro evento aislado en mi vida. Mas siempre estaré muy agradecido porque me puso esa Biblia usada en mis manos y me dio un punto de partida

Si no me hubiera dado ese punto de partida, si no me hubiera dicho, "Empieza con los Evangelios", ¡quién sabe que habría pasado! Probablemente habría comenzado con Génesis – y después, ¡quién sabe si estaría escribiendo este libro hoy!

De niños nos dan toda clase de vacunas para protegernos de una variedad de enfermedades. Mas ¿cómo obra una vacuna? Contiene un poquito de la enfermedad misma. Recibiendo esta pequeña porción de la enfermedad, el cuerpo aprende a pelear en su contra. Por medio de este proceso nos volvemos inoculados. Una vez que estamos inoculados nos volvemos inmunes a esa enfermedad en particular.

La mayoría de los cristianos ha sido inoculada en contra del Evangelio. Le ha sido dada una "vacuna" que contiene una dosis suficientemente pequeña del cristianismo como para volverse inmune al Evangelio. En algún lugar a lo largo del camino se le dio un poquito de cristianismo y ahora piensa que lo sabe todo sobre él. Millones que han rechazado el cristianismo no tienen una idea de lo que han rechazado. Muchos cristianos han sido inoculados contra el cristianismo. Pueden ir a la iglesia el Domingo y ser buenos miembros de la sociedad de muchas maneras, pero la inoculación les impide abrazar sinceramente la fe cristiana.

Es imposible volver a descubrir a Jesús sin volver a descubrir los Evangelios. Los Evangelios son un punto de partida, una fuente principal del re-descubrimiento.

Lo he dicho antes y lo diré otra vez: Lee los Evangelios diariamente durante quince minutos todos los días. Deja que la vida y las enseñanzas de Jesús profundicen sus raíces en tu vida. Esto te ayudará a llegar más allá de tu vaga familiaridad con los Evangelios y desarrollar una intimidad viva, que respira, una intimidad práctica con ellos. Si haces un hábito de leer los Evangelios y reflexionar sobre ellos, con el tiempo se convertirá en una piedra de toque de inspiración y solaz.

Para empezar, encuentra un lugar en el que puedas estar tranquilo y en silencio. Decide qué momento del día puedes apartar tan sólo para esto. Desarrolla una rutina para este hábito diario, dejando que se convierta en una parte inamovible de cada día. Junto con los otros tres hábitos, éste empezará a crear un ritmo poderoso para tus días.

Puede que preguntes, "¿No me aburriré leyendo los Evangelios una y otra vez? No si los enfocas de una manera distinta cada vez. Hay mil maneras de leer la vida de Jesucristo, y cómo la leamos determina la experiencia que tenemos.

¿Dónde estás cuando lees los Evangelios? ¿Estás aquí y ahora, en la América moderna, dos mil años más tarde, mirando al pasado? Esa es una manera, pero sugiero que te imagines allí en la escena ¡mientras se desarrolla ante ti y a tu alrededor!

¿Recuerdas la historia del paralítico cuyos amigos lo bajaron por el tejado para que Jesús pudiera curarlo? Imagínate allí. ¿Quién eres? ¿Uno de los invitados? ¿Uno de los amigos del paralítico llevándoselo a Jesús para ser curado? ¡Qué grandes amigos! ¿O eres el paralítico, teniendo un encuentro que cambia la vida con Jesús?

Nuestra tendencia es enfocar los Evangelios como una historia muy alejada de quiénes somos y de donde estamos hoy. La tentación es a distanciarnos y enfocarlos de una manera impersonal. Pero los Evangelios son una experiencia profundamente personal, viva, que respira. Si hemos de encontrar al Jesús vivo de una manera tan impactante como sea posible, necesitamos aprender a situarnos allí, en cada escena, viendo, oyendo, oliendo, y probando todo lo que está pasando, contemplando lo que cada persona en la escena está pensando, sintiendo, esperando, temiendo.

Hay un número infinito de maneras frescas de enfocar la lectura de los Evangelios. Algunas veces me gusta leer con un tema en mente. Por ejemplo, puede que lea el Evangelio de Mateo usando la generosidad como un lente para mirar más profundamente a las personas y los eventos. Entre las personas, ¿cuáles son son generosas? ¿Cuáles no lo son? ¿Por qué? Paciencia, valor, compasión, consciencia, ceguera espiritual y emocional, humildad, y orgullo – Estos son solamente uno cuantos de los muchos temas para volver a explorar los Evangelios.

Si quieres volver a descubrir a Jesús, el primer paso es hurgar en los Evangelios. Son el récord más completo de quién era Jesús cuando caminaba en la Tierra. Qué hizo, cómo vivió, y qué enseñó.

Las Escrituras juegan un papel impactante en la vida de un cristiano. La Palabra de Dios nos equipa para la misión a la que Dios quiere enviarnos. Timoteo nos enseña, " Toda Escritura está inspirada por Dios y es útil para enseñar, rebatir, corregir y guiar en el bien. Así el hombre de Dios se hace un experto y queda preparado para todo trabajo bueno". (2 Timoteo 3:16-17)

Los cuatro Evangelios proveen perspicacias increíbles acerca de quién fue Jesús y en quién está El invitándote a convertirte.

PUNTO PARA REFLEXIONAR: Las enseñanzas de Jesús son asombrosamente prácticas cuando nos detenemos a reflexionar sobre ellas.

VERSÍCULO PARA VIVIR: "Lámpara es tu palabra para mis pasos, luz en mi sendero". SALMOS 119:105

PREGUNTA PARA MEDITAR: ¿Alguna vez has leído realmente los Evangelios?

ORACIÓN: Jesús, revélate a mí a medida que empiezo a descubrirte de nuevo por medio de los Evangelios.

VEINTISEIS

El Proceso de la Oración

LA ORACIÓN LO CAMBIA TODO.

Es imposible acercarse a Jesús y permanecer cerca de El sin desarrollar una íntima conversación diaria con El. Esta conversación tiene dos partes principales: oración programada y oración espontánea.

Cada día necesitamos tener un tiempo apartado exclusivamente para orar. Este tiempo enfocado para orar cada día, en el que nos alejamos del mundo para hablar con Dios, es indispensable. Simplemente, no podemos crecer espiritualmente sin un esfuerzo consistente y persistente para orar; la vida cristiana es simplemente insostenible sin él.

Hay dos problemas que nos impiden desarrollar este hábito de la oración diaria. El primero es que a la mayoría de los cristianos nunca se les ha enseñado cómo orar. El segundo es que cuando las personas hacen un esfuerzo sincero para orar, no saben cómo empezar o acabar o qué hacer, y tienden a sentarse simplemente y ver qué pasa. Por supuesto, la mayoría del tiempo que nos sentamos a orar y simplemente vemos qué pasa, nada pasa. Esto se vuelve muy desalentador, y el resultado es que la mayoría de las personas deja de orar.

El Proceso de la Oración fue desarrollado para darles a las personas un formato para su experiencia de oración diaria. Cuando nos distraemos – y la distracción es una parte inevitable de la oración – tenemos un lugar al cual volver en lugar de dejar que la distracción termine nuestra oración.

Más que todo, El Proceso de la Oración está diseñado para facilitar una conversación íntima con Dios, no sólo sobre cosas que están pasando en tu vida, sino también sobre las cosas que están pasando en lo profundo de tu corazón y de tu alma – y discernir la voluntad de Dios para tu vida.

La oración no es el lugar para una conversación trivial que evita todas las cuestiones reales. Es el lugar para adentrarnos en todo lo que nos trae altas y bajas, para explorar nuestras esperanzas, nuestros sueños y nuestros temores y preocupaciones, el lado brillante y el lado oscuro de nuestros más profundos deseos. La oración no es el lugar para reprimirnos.

Quizás, lo que más me gusta del Proceso de la Oración es que crece a medida que nosotros crecemos. Puede ser usado como punto de partida para los principiantes. Aquéllos que están empezando a forjar el hábito de la oración en su vida. Mas también puede ser usado por los más avanzados en su vida espiritual. Su estructura es tal, que celebra donde estés en la jornada.

El Proceso de la Oración

1. **Gratitud:** Empieza con un diálogo personal dándole gracias a Dios por lo que estés más agradecido hoy.

2. **Consciencia:** Revive los momentos en que, en las últimas veinticuatro horas fuiste o no la mejor versión de ti mismo.

Háblale a Dios de esas situaciones y de lo que aprendiste de ellas.

3. **Momentos Significativos:** Identifica algo que experimentaste hoy y explora lo que Dios puede estar tratando de decirte por medio de ese evento o de esa persona.

4. **Paz:** Pídele a Dios que te perdone por cualquier mal que hayas hecho (en tu contra, en contra de otra persona o en contra de El) y que te llene con una paz profunda y duradera.

5. **Libertad:** Habla con Dios sobre cómo está invitándote a cambiar tu vida, para que experimentes libertad para ser la mejor versión de ti mismo.

6. **Otras:** Eleva a Dios a cualesquiera personas por las que te sientas llamado a orar hoy, pidiéndole que las bendiga

7. Termina rezando el **Padre Nuestro**.

En nuestra vida nada se compara con el hábito de rezar con regularidad. Es una de las experiencias por excelencia de la vida.

¿Cómo sería tu vida si oraras usando El Proceso de la Oración todos los días durante un mes? ¿Serías más alegre? ¿Tomarías mejores decisiones? ¿Estarías más claro con respecto a qué importa más y qué importa menos? ¿Dirías 'no' mejor?

El hábito de la oración diaria te transformará de maneras inimaginables, y te preguntarás cómo pudiste vivir sin ella. Podemos sobrevivir sin oración, pero no podemos prosperar sin ella.

Estas prosperando o tan sólo sobreviviendo?

PUNTO PARA REFLEXIONAR: Dios ansía pasar tiempo contigo en oración todos los días.

VERSÍCULO PARA VIVIR: "De madrugada, cuando todavía estaba muy oscuro, Jesús se levantó, salió y se fue a un lugar solitario. Allí se puso a orar". MARCOS 1:35

PREGUNTA PARA MEDITAR: ¿Estás progresando espiritualmente?

ORACIÓN: Jesús, lléname con la gracia de apartar unos minutos cada día para pasarlos conversando contigo simplemente.

VEINTISIETE

Niégate a Tí Mismo

APRENDER A DEMORAR LA SATISFACCIÓN ES una de las lecciones esenciales de la vida.

Nuestra habilidad para tener éxito en la mayoría de las cosas en la vida puede ser medida por la habilidad y el deseo de demorar la satisfacción. No se puede tener un matrimonio exitoso, ser un gran padre, mantener una buena salud, establecer una estabilidad económica, o volverse educado a menos que se esté dispuesto a demorar la satisfacción. Los mejores en cualquier cosa son mejores que cualquier otra persona en demorar la satisfacción – y eso incluye a los grandes héroes cristianos, campeones, y santos que llenan los libros de historia.

No se puede tener éxito en vivir una vida cristiana si no se está dispuesto a practicar negarse a sí mismo. Así que ¿cuán bueno eres en eso? Date una puntuación del uno al diez, ahora mismo, con respecto a tu habilidad para demorar la satisfacción.

Cambia esa puntuación y lo cambias todo: Te vuelves más paciente con tu esposa y con tus hijos, tratas de resolver las cosas con mayor regularidad en lugar de explotar, te es más fácil no comer refrigerios que no necesitas, mejoran tus finanzas personales porque te ajustas a un presupuesto ... y la lista de beneficios continúa. Esto es lo hermoso de las enseñanzas de Jesús. Abarcan todos los aspectos de nuestra vida y lo elevan todo.

Estamos en una búsqueda para volver a descubrir a Jesús. Es una búsqueda de por vida, y estos cuatro hábitos nos servirán bien cada día por el resto de nuestra vida si no nos apartamos de ellos.

El tercer hábito que nos ayudará a acercarnos a Jesús y a permanecer cerca de Él es el de negarnos a nosotros mismos. Por dos mil años los cristianos han estado y no han estado de acuerdo sobre lo que significa ser cristiano, debatiendo y discutiendo varios temas y puntos. Pero algunas cosas son indisputablemente esenciales para ser cristiano, y negarse a sí mismo en una de ellas.

Jesús les dijo a Sus discípulos, "Si alguno quiere seguirme, que se niegue a sí mismo, que cargue con su cruz de cada día y que me siga" (Lucas 9:23). Negarse a sí mismo ejerce un impacto increíble en el ser humano. Perfecciona el alma, agudiza los sentidos, fortalece la voluntad y atenúa nuestros deseos.

Exploraremos más esto más adelante en otra sección, pero déjame ofrecerte este punto de partida: Quizás no quieras hacer ejercicios. Dile no a tu pereza y hazlos. Tal vez no tengas ganas de seguir trabajando. Sigue.

Tu vida será infinitamente mejor si aprendes a negarte a ti mismo. Simplemente di no.

PUNTO PARA REFLEXIONAR: Aprender a negarte a ti mismo pagará enormes dividendos en tu vida.

VERSÍCULO PARA VIVIR: "En cambio, el fruto del Espíritu es caridad, alegría, paz, comprensión de los demás, bondad, fidelidad, mansedumbre y dominio de sí mismo". GALATAS 5:22–23

PREGUNTA PARA MEDITAR: ¿En qué área de tu vida exhibes más control de ti mismo?

ORACIÓN: Jesús, dame la gracia y la fortaleza para decirme que no a mí mismo.

VEINTIOCHO
Oración Espontánea

A DIOS LE ENCANTA CONVERSAR CONTIGO.

Ya hablamos sobre un momento dedicado a la oración cada día. El segundo aspecto de nuestra conversación diaria con Dios es volverse a El espontáneamente durante momentos del día para darle gracias por Su ayuda, guía, aliento, o simplemente para reconocerlo a nuestro lado.

Este segundo tipo de conversación tiende a surgir del primer momento más enfocado, apartado para orar. Hay algunas personas que dirán, "yo no tengo un momento apartado para orar cada día, pero hablo con Dios constantemente a lo largo del día" Ha sido mi experiencia que estas personas están engañándose de varias maneras, y progresando poco, si algo, espiritualmente.

La conversación casual diaria con Dios tiende a mantenerse viva por el momento enfocado de orar cada día. Cuando descuidamos nuestro momento de orar diario bastante tiempo, la conversación casual a lo largo del día desaparecerá casi completamente, excepto aquellos momentos asombrosos de la vida que nos fuerzan a arrodillarnos. La riqueza de nuestra conversación espontánea con

Dios fluye de tener un momento apartado exclusivamente para orar cada día, Esta oración espontánea puede convertirse en una de las grandes alegrías y en uno de los grandes consuelos de la vida cristiana.

Las primeras oraciones cristianas proveen una perspicacia fabulosa con respecto a cómo desarrollar una vida rica de oración espontánea. En los primeros capítulos de los Hechos de los Apóstoles, leemos sobre los primeros cristianos. Pero no estoy hablando aquí de las oraciones de los primeros cristianos, sino de las primeras oraciones cristianas.

Me parece que las primeras oraciones cristianas son las palabras que los distintos caracteres de los Evangelios le dijeron a Jesús directamente. Ellas ofrecen una oración para cada ocasión de la vida. Y tal vez cada oración que ha sido rezada desde entonces es justamente una variación de una de estas primeras oraciones cristianas. Veamos algunas.

Una de mis favoritas es la segunda oración del ciego Bartimeo. Oyendo que Jesús estaba pasando, empezó a gritar, "Jesús, Hijo de David, ¡ten compasión de mí!" Este clamar por misericordia fue su primera oración. La multitud le dijo que se callara, pero gritó aún más y con más fuerza: "Jesús, Hijo de David, ¡ten compasión de mí!". Aquí Bartimeo está enseñándonos uno de los fundamentos de la oración: la persistencia. Finalmente, Jesús mandó a llamar al ciego y le dijo, "¿Qué quieres que haga por ti?" Bartimeo respondió, "Maestro, que vea". Esta fue su segunda oración (Marcos 10:46–52).

Creo que probablemente he rezado esta oración un millón de veces en mi vida. "Maestro, que vea". Rezo esta oración todo el tiempo, una y otra vez, cien veces al día cuando estoy tratando de tomar una decisión y necesito luz, guía y sabiduría. Estas primeras oraciones cristianas son fascinantes e inmensamente prácticas.

Hay dos grandes profesiones de fe en los Evangelios: la de Pedro y la de Tomás. Cada una es una oración en sí. Ya hemos hablado de la profesión de fe de Pedro en la región de Caesarea Philippi, donde declaró respondiendo a la pregunta de Jesús: "Tú eres el Mesías, el Hijo del Dios vivo". (Mateo 16:16) Ahora vamos a explorarlo desde otro ángulo. ¿Cuándo fue la última vez que tú, conscientemente, reconociste que Jesús es el Mesías? ¿Cuándo fue la última vez que lo dijiste en alta voz? ¿Cuándo fue la última vez que se lo dijiste a Jesús? Todos necesitamos profesar nuestra fe en Jesús con regularidad para mantener las cosas en perspectiva.

La otra gran profesión de fe es la de Tomás. Ausente la primera vez que Jesús se les apareció a los discípulos, Tomás se convirtió en el gran dudoso. Cuando Jesús se les apareció la segunda vez, Tomás profesó asombrado: "Mi Señor y mi Dios". (Juan 20:28)

Esta frase también ha jugado un papel importante en mi jornada de fe. En la iglesia de mi niñez había un pequeño estandarte detrás del altar con las palabras MI SEÑOR Y MI DIOS bordadas en él. Lo veía todos los Domingos. Es algo pequeño, pero esas palabras se grabaron en mi mente y después en mi corazón.

Hay cientos de estas primeras oraciones cristianas al avanzar a través de los Evangelios. El leproso le dijo a Jesús, "Señor, si tú quieres, puedes limpiarme". (Mateo 8:2) El centurión le pidió a Jesús que curara a su sirviente: "Señor, no soy digno de que entres en mi casa, pero una palabra tuya bastará para sanarlo" (Mateo 8:8)

En el preludio de dar de comer a los cinco mil, los discípulos le dijeron a Jesús, "Aquí sólo tenemos cinco panes y dos pescados". Con cuánta frecuencia nos acercamos a Jesús de la misma manera, teniendo tan poco que ofrecer en una situación. Pero así como Jesús les dijo a los discípulos, nos dice, "Tráiganme lo que tengan". Jesús puede obrar milagros con lo poco que tengamos, si se lo llevamos. (Mateo 24:17)

Por medio de su humanidad, Pedro nos enseña otra gran lección en la escena en que Jesús va caminando hacia ellos en el agua. Jesús le hizo señas a Pedro para que caminara en el agua, y lo hizo; pero se distrajo y dejó de mirar a Jesús. Se llenó de miedo, y gritó, "¡Señor, sálvame!" (Mateo 14:30)

De la misma manera, cuando le quitamos la vista a Jesús, empezamos a hundirnos. Y, sin embargo, con frecuencia cuando estamos hundiéndonos, no tenemos la sabiduría para gritar, "¡Señor, sálvame!"

Muchas de estas primeras oraciones dirigidas a Jesús chorreaban humanidad. Un ejemplo perfecto es Marta quejándose a Jesús, "Señor, ¿no te importa que mi hermana me haya dejado sola para atender? (Lucas 10:40) ¿Te quejas a Dios?

Hasta la Madre de Jesús contribuye a la letanía de las primeras oraciones cristianas, Estas son las únicas palabras de María hablándole a Jesús que tenemos registradas: "No tienen vino" La forma en que le habló a Jesús es distinta a la manera en que todos los demás le hablaron. Sus palabras son casuales, prácticas, realistas, y declaran una familiaridad que otros no tenían con Jesús. (Juan 2:3)

En los Evangelios también hay oraciones que espero no tener que rezar nunca. Un hombre se acercó a El, se arrodilló y le dijo, "Señor, ten piedad de mi hijo". El hombre se arrodilló. Estaba rogando. Espero no tener que rogarle nunca a Dios por mis hijos de esta manera, pero sospecho que de distintas maneras, por diferentes razones, todo padre le ruega a Dios por sus hijos. (Mateo 17:14)

La oración del padre fue física y verbal. No le habló a Jesús simplemente; se arrodilló ante El. ¿Cuándo fue la última vez que te arrodillaste al lado de tu cama de noche y oraste? Es una experiencia poderosa. Pruébalo una noche esta semana: Arrodíllate al lado de tu cama antes de dormir, y reza. Reza en alta voz y será aún más poderosa.

A través de los Evangelios también encontramos pruebas de fe fenomenales; en muchos casos, de personas de las que menos las esperaríamos. ¿Quién puede olvidar a la mujer cananita que se le acercó a Jesús buscando sanación para su hija y se puso a bromear con el Hijo de Dios? Finalmente, se ganó a Jesús diciendo, "Es verdad, Señor, pero también los perritos comen las migajas que caen de la mesa de sus amos". Su fe fue audaz y hermosa. (Mateo 15:27)

También hay simples aunque profundas oraciones de agradecimiento, como la de Pedro justo antes de la Transfiguración: "Señor, ¡qué bueno es que estemos aquí! (Mateo 17:4)

Algunas de estas primeras oraciones cristianas fueron proféticas. Por ejemplo, Pedro diciéndole a Jesús, "Aunque tenga que morir contigo, jamás te negaré". Fue una oración santa salida de un buen lugar en el corazón de Pedro. No pudo cumplir con eso en ese momento, pero en última instancia lo hizo, muriendo por su fe cuando Nerón hizo que lo crucificaran. Pidió que lo crucificaran boca abajo, creyendo que no merecía ser crucificado de la misma manera que Jesús. (Mateo 26:35)

Hay momentos inolvidables, como cuando el ladrón se volvió a Jesús y dijo, "Jesús, acuérdate de mí cuando entres en tu reino". ¿Piensas mucho en el reino de Jesús? ¿Es parte de tu realidad? ¿O tu visión de la realidad se ha encogido para excluirlo? (Lucas 23:42)

Por supuesto no todas las palabras que le dijeron a Jesús fueron respetuosas y reverentes; pero podemos aprender de cada palabra pronunciada por cualquier persona en los Evangelios.

La madre de los hijos de Zebedeo se acercó a Jesús para pedirle un favor: "Aquí tienes a mis dos hijos. Asegúrame que, cuando estés en tu reino, se sentarán uno a tu derecha y otro a tu izquierda".

Esta fue una oración egoísta. Todos hemos rezado oraciones egoístas. Todos nos hemos acercado a Dios para pedirle favores, algunas veces por buenas razones y otras por razones vanas y egoístas. Cada vez que le hacemos una petición a Jesús debemos preguntarnos: ¿Cuál es mi motivo para pedir esto? (Mateo 20:20-21, cf. Juan 21:18–19)

Acercarse a Jesús egoístamente es una cosa; hacerlo irrespetuosamente es otra. Hubo muchos que fueron irrespetuosos con Jesús, incluyendo a los fariseos, que fueron cínicos y escépticos, e irrespetuosos con Jesús. Hoy día, todos conocemos a personas que se acercan a Jesús de la misma manera, o rehúsan acercarse a El.

Preparándome para escribir este libro traté de mirar los Evangelios y a todas las personas en ellos de una manera nueva. Esperaba volver a descubrir a Jesús volviendo a descubrir a las personas con las que El se relacionó. Lo que me fascinó acerca de los fariseos al volver a descubrirlos fue que siempre estaban acusando a Jesús de blasfemia. Este fue su gran complejo en cuanto a Jesús se refiere. Blasfemar es hablar de Dios de una manera irreverente, impía. La paradoja es que los fariseos eran, en realidad, los que blasfemaban en la manera en que le hablaban a Jesús y en la manera en que hablaban de El.

Hubo otros que hasta se burlaron de Jesús, "Los soldados se burlaban de El, '¡Viva el rey de los judíos!' y lo escupían". (Mateo 27:29) ¿Puedes imaginar burlarse de Dios? Lo vemos cada vez más en películas y en programas de televisión, así como oímos cada vez más a personas pronunciar el Nombre de Dios en vano. Se ha vuelto alarmantemente común en nuestra cultura hoy día, tanto en los espectáculos como en la vida diaria. Parece que cuatro hombres no pueden jugar una partida de golf sin que alguien mencione el Nombre de Dios en vano.

Déjame preguntarte esto: ¿Cuál de los Diez Mandamientos es más fácil vivir? El segundo Mandamiento está dedicado al Nombre de Dios exclusivamente: "No tomarás el nombre del Señor tu Dios en vano". Todo un Mandamiento está reservado tan sólo para el Nombre de Dios. Eso nos dice que el habla es poderoso – obviamente mucho más de lo que nos damos cuenta. Creo que este Mandamiento es el más fácil de cumplir. Y si nosotros tan ostensiblemente luchamos como cultura para vivir el más fácil de los Mandamientos, ¿qué nos dice eso de nuestro estado espiritual?

•• ◆ ••

A lo largo de los Evangelios, las personas invocan a Jesús de distintas maneras, y cada una es una oración de una u otra clase. Hay cientos de estas oraciones de los primeros cristianos. Al leer los Evangelios, toma nota de ellas. Haz una pausa para meditar sobre cada una. Pregúntate: ¿Le he hablado a Jesús así alguna vez? ¿He orado así alguna vez? Las oraciones de estos primeros cristianos son otro tema maravilloso a explorar al leer los Evangelios.

Aprende a invocar a Dios en los momentos de tu día, casualmente, de una manera muy humana – como un niñito le habla a su padre.

Nuestros mejores días son aquéllos en los que permanecemos conectados con Dios durante el día.

PUNTO PARA REFLEXIONAR: Dios siempre está a mi lado para ayudarme a tomar las mejores decisiones.

VERSÍCULO PARA VIVIR: "Estén siempre alegres, oren sin cesar y den gracias a Dios en toda ocasión". 1 TESALONICENSES 5:16–18

PREGUNTA PARA MEDITAR: ¿Por qué estás más agradecido hoy?

ORACIÓN: Jesús, gracias por estar a mi lado aún cuando me olvido de que estás ahí.

VEINTINUEVE

Bailando de Alegría

DIOS QUIERE ENSEÑARTE A BAILAR.

Lo que estoy proponiendo no va a ser fácil. Si fuera fácil sería común. Y, sin embargo, entre más de dos billones de cristianos en el planeta hoy hay muy pocos que toman su fe en serio y la enfocan con el rigor de un campeón.

En todos los tiempos se habla mucho del estado del mundo, y el nuestro no es diferente. El mundo es un desorden. Experimentamos este desorden de cien maneras todos los días. Se habla mucho de cambiar el mundo, pero hasta la idea de cambiar el mundo se ha convertido en un lugar común. Hoy día la mayoría de las personas no cree que el mundo puede cambiar realmente. Pero sí puede.

¿Cómo? El cambio no viene de gobiernos. Tienen su papel, pero no se puede legislar la bondad, la virtud, y la moralidad. Estas cosas solamente vienen de un corazón abierto a Dios. El cambio no vendrá de la economía ni de los grandes negocios. Estos también tienen su papel, pero no hay evidencia de que más dinero o un estándar de vida mejor lleve a un mundo mejor de las maneras que más importan. El cambio no vendrá de la ciencia, porque su papel es principalmente un papel pasivo de observación.

No hay un grupo de personas en una posición mejor para cambiar el mundo que los cristianos. De hecho, creo que puede ser argumentado que si los cristianos no cambian el mundo, el mundo no cambiará.

Así que, ¿cómo hemos de cambiar el mundo? La respuesta es simple, pero no fácil.

Cambiaremos el mundo simplemente comportándonos como cristianos. Hay dos billones de cristianos en el planeta – cualquier cosa que hagamos juntos tendrá una influencia enorme. Si los cristianos simplemente nos comportáramos como cristianos, el mundo sería un lugar diferente en unas semanas.

Pero todos hemos fallado en llevar el mensaje que recibimos en la iglesia el Domingo a todos los rincones de nuestra vida y de nuestra sociedad. Y cuando no vivimos como hemos sido poderosamente invitados a vivir por Jesús en los Evangelios, la alegría increíble que Dios nos da comienza a salirse de nuestra vida.

Hay dos hermosos pasajes que ameritan que meditemos en ellos aquí. El primero se encuentra en 2 Samuel 6, cuando David estaba llevando el Arca de la Alianza a Jerusalén. Leemos sobre estas escenas en las que David gritaba de alegría – saltando y bailando de alegría – ante el Arca.

¿Qué representaba el Arca de la Alianza? Para el pueblo judío, representaba la presencia de Dios. Durante cuarenta años cargaron el Arca reverentemente por el desierto para recordar que Dios estaba con ellos. Así que David estaba gritando, saltando y bailando de alegría en la presencia de Dios.

El segundo pasaje es la Visitación en Lucas 1. Ahí leemos sobre el hijo nonato de Isabel, Juan el Bautista, bailando de alegría en el vientre de su madre al escuchar el saludo de María. Por supuesto,

María también estaba embarazada, llevando al Niño Jesús. Esto hace de María el Arca de la Nueva Alianza.

¿Por qué estaba Juan el Bautista saltando de alegría? Por la misma razón que David bailó de alegría: porque estaba en la presencia de Dios.

Vivir en la presencia de Dios nos hace bailar de alegría. Es fácil perder de vista Su presencia. Es fácil alejarse de Sus caminos. Es fácil no ver Su presencia como consecuencia del catastrófico egoísmo del que nos volvemos víctimas si nos dejan para que nos las arreglemos con nuestros propios recursos. Afortunadamente, Dios no está contento con que nos las arreglemos con nuestros propios recursos.

La presencia de Jesús es poderosa. Cuando caminaba por la Tierra, Su presencia exigía una respuesta. Muchas personas lo amaron y algunas lo odiaron. Pero muy pocas fueron indiferentes hacia El. Jesús ejercía una gran influencia en las personas. Su presencia poderosa las movía. Las desafiaba a que escogieran entre el bien y el mal. A veces su presencia calmaba y a veces era tempestuosa. Su presencia encendía todo un ámbito de emociones humanas en las personas que lo seguían.

Pero imagina la alegría de estar cerca. Imagina la alegría que tuvieron María y José mirando jugar a Jesús de niño. Imagina la alegría de caminar con El por una calle polvorienta, escuchando Sus parábolas o simplemente maravillándose con Su presencia caminando juntos tranquilamente. Imagina la alegría de tener a Jesús en tu casa para comer, la alegría de presentárselo a tus familiares y amigos.

Mientras más eliminemos la distancia entre la persona que somos hoy y la persona que Dios nos destinó a ser cuando nos creó, más experimentaremos esa alegría. Mientras más eliminemos la distancia entre la vida que vivimos hoy y la vida que Jesús nos invita a vivir a través de los Evangelios, más experimentaremos esa alegría.

Así que ¿qué te detiene para eliminar la distancia y bailar de alegría?

PUNTO PARA REFLEXIONAR: No hay nada como la alegría con la que Dios quiere llenar tu corazón.

VERSÍCULO PARA VIVIR: "El buen humor hace bien al organismo". PROVERBIOS 17:22

PREGUNTA PARA MEDITAR: ¿Quién o qué te está robando la alegría?

ORACIÓN: Señor, enséñame a bailar de alegría.

TREINTA

Puntos Ciegos

TODOS TENEMOS PUNTOS CIEGOS.

Hay una verdad fundamental con la que cada quien tiene que enfrentarse si quiere crecer espiritualmente. A menos que estemos dispuestos a abrazar esta verdad, cualquier crecimiento espiritual que experimentemos será forzado, mínimo, ni una fracción de lo que es realmente posible. Puede que sea la primera verdad de la vida espiritual. Es una verdad que necesitamos que se nos recuerde constantemente. Otras personas pueden recordárnosla y lo harán, pero a medida que nos hagamos más sabios, aprenderemos a recordarla nosotros mismos.

Esta es la verdad: No vemos las cosas como son en realidad – especialmente a nosotros mismos. Todos pensamos que nuestra visión de la vida es veinte-veinte, pero no es así.

Déjame darte un ejemplo. ¿Juegas golf? Si juegas golf, entenderás el ejemplo. (Si no, piensa en un momento en que miraste una grabación tuya). ¿Alguna vez te han grabado tratando de darle a la pelota? Cuando viste la grabación, ¿se veía tu intento como tú pensabas que se vería? Probablemente no. ¿Cuántas sorpresas hubo? Probablemente no sólo una pequeñita. Lo más probable es que al ver la grabación no pensaste, "El único problema es que llevé el palo una fracción afuera de la línea de regreso; aparte de eso, mi intento de golpear la pelota es perfecto". No. Si la examinaras, si la estudiaras de verdad, verías que probablemente podrías mejorar la forma en que sostienes el palo, tu postura, donde descansa la pelota en tu sistema, tu tiempo, tu manera de dejarla ir desde arriba, y muchas otras cosas. En tu mente debes haber pensado que tenías un buen golpe como el de Fred Couples, pero la grabación no miente y rápidamente desvanece ese mito.

No vemos las cosas como realmente son. Si piensas que esto no es verdad, grábate haciendo cualquier cosa. No pareces como tú crees que pareces. No te mueves como crees que te mueves. No suenas como crees que suenas. Aquí tienes otro ejemplo: saca algunos retratos viejos, de hace unos veinte años. ¿Pensabas entonces que te veías así?

No vemos las cosas como realmente son. No ves tu *matrimonio*, ni tu *paternidad*, ni tu *carrera* ni tus *finanzas*, ni a las *personas* como realmente son. No ves tu *salud*, ni la *escuela de tus hijos*, ni tu *negocio*, ni tu *iglesia* como realmente son. No ves tu vida como realmente es.

Si quieres tener una experiencia que altere tu mente, reúne a cuatro o cinco de tus amigos cercanos y pídeles que te digan cómo ven tu matrimonio o tu paternidad. A ver si su amistad puede sobrevivir eso.

Yo he tenido varios directores espirituales por más de veinte años, personas que me dirijan espiritualmente. Ellos me han ayudado a lidiar con las cuestiones de la vida. Me han escuchado soñar y quejarme. Me han ayudado a discernir para qué me estaba llamando Dios. Pero quizás más que todo me han ayudado a vislumbrar como soy en realidad. No como me imagino que soy, no como pretendo ser, sino como soy realmente. No como espero que las personas me experimenten, sino como me experimentan en realidad.

Cuando voy con mi director espiritual y comparto algo con lo que estoy luchando, la mitad de las veces necesito que me diga, "Matthew, estás siendo demasiado duro contigo mismo". La otra mitad necesito que me diga, "Matthew estás siendo muy suave contigo mismo". Y ocasionalmente necesito que me diga, "En realidad, tienes que prestarle atención a esto, porque podría convertirse en un verdadero problema".

De la misma manera, algunas veces necesito que mi esposa, Meggie, me lleve a un lado y me diga, "Matthew, estás trabajando demasiado" o "Matthew, fuiste muy duro con Walter hoy; tienes que acordarte de que sólo tiene cinco años".

Yo no veo las cosas como son realmente. No me veo a mí mismo como soy realmente. La razón es que tengo puntos ciegos. Mi pasado está lleno de experiencias que están influyendo mi presente y mi futuro. Estas experiencias pasadas dan lugar a temores e inseguridades que crean puntos ciegos, El pasado también da lugar a miles de esperanzas, sueños, y ambiciones que llevo en lo más profundo de mi ser, y ellos también me impiden verme como realmente soy. A veces puedo ser cínico debido a algo o a alguien que encontré en el pasado, y este cinismo es un punto ciego. Algunas veces también puedo ser paranoico – otro punto ciego. Y adivina – me gusta agradar, y nada nos cegará como nuestro deseo de agradar, de ser aceptado y amado.

Todos estos puntos ciegos me dificultan ver las situaciones y a las personas (especialmente a mí mismo) como realmente son. Y si eres honesto contigo mismo, creo que descubrirás que tú también tienes puntos ciegos. Una vez que lo reconocemos y lo aceptamos, la verdadera labor puede empezar, porque tres cosas pasan.

Desarrollamos humildad; nos volvemos dóciles a las indicaciones del Espíritu Santo, y dejamos de juzgarnos y de juzgar a los demás.

Humildad. Solamente el alma humilde puede ser guiada. Solamente el alma humilde puede ser entrenada. Solamente el alma humilde puede avanzar verdaderamente en la vida espiritual.

El orgullo alimenta la falsa ilusión de que nos vemos como realmente somos y de que vemos las situaciones como realmente son. Nos ciega para quien realmente somos. El orgullo nos impide que dejemos a Dios transformarnos radicalmente. El orgullo no nos deja experimentar a plenitud la alegría que Dios desea para nosotros.

Docilidad. Dios envía al Espíritu Santo para que nos guíe. En cada momento de cada día, el Espíritu Santo está alentándonos a que hagamos esto o evitemos aquello, a que ayudemos a esta persona o alentemos a otra. Mas para beneficiarnos de las indicaciones del Espíritu Santo en los momentos del día, necesitamos ser dóciles.

¿Qué significa ser dócil? Significa escuchar profundamente y dejarse llevar. ¿Cuán bien escuchas la voz de Dios en los momentos del día, especialmente en momentos de tomar decisiones? ¿Estás aferrado a tus maneras o estás abierto a ser enseñado maneras nuevas y mejores?

Una vez que aceptamos que no nos vemos como somos realmente y que no vemos las situaciones como realmente son, nos volvemos humildes y uno de los distintivos de la humildad es la docilidad.

Juzgar. Hay tantas maneras de juzgar a los demás, y de juzgarnos a nosotros mismos. Cuando juzgamos pretendemos ser Dios. Esta es la falsa ilusión mayor de la historia: el hombre pensando que es Dios.

Las opiniones son una manera altamente evolucionada de juzgar. Y tenemos opiniones sobre todas las cosas. Vivimos en una sociedad sumamente aferrada a sus opiniones, lo cual equivale a decir que vivimos en una sociedad súper sentenciosa. De muchas maneras, nuestras opiniones son una forma sutil, auto-justificada de juzgar a los demás.

Juzgar surge del orgullo. Las opiniones son una trampa fácil para los orgullosos. ¿Eres una persona enjuiciadora? ¿Ofreces opiniones sin que te las pidan? ¿Ofreces opiniones sobre cosas de las que sabes poco? ¿Te acercan tus opiniones más a Dios? ¿Acercan tus opiniones más a Dios a los demás?

·•●•·

Todos tenemos una visión distorsionada de la realidad. No vemos las cosas como realmente son; no nos vemos a nosotros mismos como realmente somos. Tenemos puntos ciegos, parcialidades, y prejuicios. Jesús quiere liberarnos de todo esto y ayudarnos a ver las cosas como realmente son, a vernos a nosotros mismos como realmente somos.

PUNTO PARA REFLEXIONAR: Todos tenemos puntos ciegos.

VERSÍCULO PARA VIVIR: "¿Qué pasa? Ves la pelusa en el ojo de tu hermano, ¿y no te das cuenta del tronco que hay en el tuyo?" MATEO 7:3

PREGUNTA PARA MEDITAR: ¿Cómo están afectando tus relaciones tus puntos ciegos?

ORACIÓN: Señor, quítame la ceguera de los ojos para que pueda ver a las personas, las situaciones y a mí mismo igual que Tú.

TREINTA Y UNO

Los Caminos del Hombre y los Caminos de Dios

DIOS TIENE UNA MANERA MEJOR DE HACER las cosas.

Una vez que aceptamos que tenemos una visión distorsionada de la realidad, se puede hacer algo con respecto a ello. A través de las Escrituras se nos enseña que los caminos de Dios no son los del hombre. Leemos en Isaías: "Sus proyectos no son los míos, y mis caminos no son los mismos de ustedes, dice el Señor". (Isaías 55:8) En las Escrituras, también se nos recuerda repetidas veces que la manera en que Dios hace las cosas y la del hombre tienen resultados muy diferentes.

El Evangelio de Lucas contrasta marcadamente la manera de actuar de Dios con la nuestra. En el primer capítulo leemos el canto de alabanza de María, el Magnificat (Lucas 1:46–55). Ella alaba a Dios por hacer grandes cosas, por mostrar misericordia, por dispersar a los orgullosos y rebajar a los poderosos, por elevar a los humildes y alimentar a los hambrientos, por enviar lejos a los ricos con las manos vacías. El hecho de seleccionar a María

– pobre, joven, débil, y vulnerable – es en sí un signo de que Sus maneras son intrigantemente diferentes.

El Señor es bondadoso y misericordioso. Lento para la ira y rico en compasión (Exodo 34:6–7). Pero la mayoría de las personas experimenta el mundo como cruel, áspero, miserable, despiadado y sin compasión. ¿Por qué? Las manera de actuar de Dios no es la del hombre y con demasiada frecuencia las maneras del hombre gobiernan el mundo. Jesús nos invita a cambiar eso. El se imagina un mundo amoroso dirigido por las maneras de Dios.

El Sermón de la Montaña es el discurso más famoso que se ha pronunciado. En 141 palabras Jesús vira el mundo al revés y nos recuerda que los caminos de Dios no son los nuestros.

Cuando Jesús vio la multitud, subió a la montaña; y después de sentarse, se le acercaron los discípulos. Entonces comenzó a hablar, y a enseñarles, diciendo:

"Felices los que tienen el espíritu del pobre, porque de ellos es el Reino de los Cielos.

"Felices los que lloran, porque recibirán consuelo.

"Felices los pacientes, porque recibirán la tierra en herencia.

"Felices los que tienen hambre y sed de justicia, porque serán saciados.

"Felices los compasivos, porque obtendrán misericordia.

"Felices los de corazón limpio, porque verán a Dios.

"Felices los que trabajan por la paz, porque serán reconocidos como hijos de Dios.

"Felices los que son perseguidos por causa del bien, porque de ellos es el Reino de los Cielos.

"Felices ustedes, cuando por causa mía los insulten, los persigan y les levanten toda clase de calumnias. Alégrense y salten de contento, porque será grande la recompensa que recibirán en el cielo. Pues bien saben que así persiguieron a los profetas que vivieron antes de ustedes". (Mateo 5:1-11)

En la parábola épica del hijo pródigo vemos los caminos de Dios y los del hombre ricamente contrastados. El hijo más joven se fue y lo dilapidó todo. El mayor se quedó al lado de su padre y se ocupó de los intereses de la familia (y de los suyos). Cuando el más joven regresó quebrado, hambriento, asustado, desmoralizado, y arrepentido, el padre lo abrazó, lo perdonó, y se regocijó. El hermano mayor no hizo nada de esto. No abrazó a su hermano, no lo perdonó, no se regocijó. En cambio, estaba lleno de juicios y de lástima por sí mismo (Lucas 15). El hermano mayor vivía en una realidad enfocada en "sí mismo".

El perdón está en el centro del corazón de Dios, está en el centro de esta historia, y es fundamental para el cristianismo.

Dejados a sus propios recursos, los seres humanos son vengativos. Hasta un examen superficial de la historia humana lo probará sin duda alguna. El cristianismo propone cambiar esto, y el cambio es posible debido al ejemplo radical de Jesús.

Naturalmente, no somos bondadosos y misericordiosos, lentos para la ira, y ricos en compasión. Estas actitudes y estos comportamientos se aprenden a medida que buscamos caminar en los caminos de Dios viviendo una vida virtuosa.

¿Cómo debemos responder a quienes nos hacen mal? Esta pregunta es fundamental para la vida de todo cristiano. Nada destaca la diferencia entre los caminos de Dios y los del hombre como el perdón. Nada destaca la diferencia entre los cristianos y cualesquiera otras personas en la tierra como el perdón. No obstante, éste es sólo un ejemplo de cómo se diferencian los caminos de Dios y los nuestros.

La historia del hijo pródigo destaca otra de las grandes diferencias entre Dios y el hombre. El padre fue sumamente generoso; dijo, "¡Rápido! Traigan el mejor vestido y pónganselo. Colóquenle un anillo en el dedo y traigan calzado para sus pies. Traigan el ternero más gordo ...vamos a comer y a celebrar". (Lucas 15:22–23) La generosidad del padre fue abundante e inmediata. "¡Rápido!" fue su orden. No "mañana en algún momento" o "en un par de semanas". Mas el hijo mayor fue avaricioso, orgulloso, y egoísta. Solamente vio lo que estaba perdiendo, no lo que estaba ganando.

¿Eres avaricioso?

Nunca he conocido a alguien que admita ser avaricioso. He encontrado personas que confiesan ser glotonas y orgullosas, y otras que digan tener un problema con la lujuria o la ira, pero nunca he oído a alguien admitir que es avaricioso. He tenido conversaciones profundas e íntimas con miles de personas sobre los aspectos más personales de su vida, pero jamás alguien me ha dicho, "El dinero me gusta demasiado".

Y jamás alguien se cree tacaño. Y he conocido personas monumentalmente tacañas, pero ellas creen que son generosas.

No nos vemos como realmente somos, Y los caminos de Dios no son los del hombre.

Es esencial que nos demos cuenta de otro punto, que la manera de actuar de Dios no es simplemente un pequeño ajuste de la nuestra. Con frecuencia representa el lado opuesto del espectro. Jesús nos invita a cambiar nuestra actitud, pero solamente eso no es suficiente. En última instancia, ese cambio de actitud debe llevar a un cambio de conducta.

Abrimos esta sección con un versículo de Isaías, "Sus proyectos no son los míos, y mis caminos no son los mismos de ustedes, dice el Señor". Es interesante que aquí se haga una conexión entre pensamientos y acción. Aquello en que nos pasamos pensando días y semanas tiene un impacto enorme en nuestras acciones.

¿Qué estás pensando? Mientras vas para el trabajo cada día, mientras esperas en la consulta del médico o estás en línea en el supermercado, en esos momentos entre actividades, ¿En qué piensas?

Sé esto con seguridad: En lo que sea que pensemos en esos momentos aparentemente intrascendentes, aumentará nuestra vida. Pocas cosas tendrán más impacto en tu vida que lo que tu dejas que ocupe tu mente. Usa estos momentos para meditar sobre los caminos de Dios y te encontrarás viviéndolos.

Medita sobre el Evangelio y te encontrarás viviéndolo. Este camino está bien andado. Por dos mil años, todos los que han tenido éxito en la vida cristiana, los grandes campeones del cristianismo, han tenido esto en común: Han meditado sobre la vida y las enseñanzas establecidas en el Evangelio. ¿Eres un pensador del Evangelio?

¡Tanto de nuestra frustración en la vida es causado por rechazar el Evangelio y tratar de encontrar una solución mundana para un problema espiritual! Todos los problemas que experimentamos tienen una dimensión espiritual, pero con frecuencia no consideramos la dimensión espiritual de las cosas.

Los caminos de Dios expuestos en los Evangelios desafían nuestras prioridades. Nos recuerdan qué es más y menos importante. Y no te equivoques, no es fácil caminar por estos caminos. Mas los frutos de Sus caminos son abundantes. El reemplazará tu confusión con claridad y sabiduría, tu ansiedad con paz, y te llenará de gratitud y alegría aún en medio de grandes dificultades.

Dios está con nosotros hasta cuando creemos que no está. Dios está en control aún cuando parece que los que lo odian están en control. Y Dios está obrando en nuestra vida hasta cuando parece que todo está desmoronándose. Dios tiene una manera distinta de hacer las cosas – una manera mejor.

Como vemos a los demás y como vemos el mundo está en el centro de la experiencia humana. El Evangelio nos equipa con lentes nuevos. Con estos lentes vemos a los demás, a Dios, el mundo, y a nosotros mismos de una manera fundamentalmente diferente a como lo hicimos ates. Este es el efecto que causa Jesús. Cambia nuestras prioridades y, elevándolas, transforma la manera en que vivimos y en quién nos convertimos.

¿Estás prosperando o sobreviviendo? Si no estás prosperando, ¿por qué no? Quizás sea hora de abandonar los caminos del hombre y abrazar los de Dios. Algunas veces las personas preguntan, "¿Cómo sabré cuándo estoy abrazando más los caminos de Dios?" Es una gran pregunta. Aquí tienes una prueba decisiva fácil: Cuando te vuelvas menos enfocado en ti mismo y más en el prójimo.

PUNTO PARA REFLEXIONAR: Dios tiene una manera mejor de hacer las cosas.

VERSÍCULO PARA VIVIR: "El hombre forja muchos proyectos, pero se realizará lo que el Señor decidió". PROVERBIOS 19:21

PREGUNTA PARA MEDITAR: ¿Cuál es un ejemplo práctico de cómo Dios está invitándote a abandonar *tu* manera y abrirte a la Suya?

ORACIÓN: Señor, enséñame a valorar Tu manera de hacer las cosas sobre toda otra manera.

TREINTA Y DOS

El Verdadero Problema

NO IGNORES EL VERDADERO PROBLEMA.

Es fácil exponer el cristianismo de una manera lógica y razonable; sin embargo, todavía hay algunas preguntas que es necesario considerar. ¿Por qué en estos dos mil años desde que Jesús anduvo en la Tierra tan pocas personas han abrazado sus enseñanzas sinceramente? ¿Por qué personas como tú y yo, que quieren seguir Su camino más de cerca, luchan tan monumental y consistentemente para hacerlo? ¿Cuál es el problema?

Pablo escribió, "De hecho no hago el bien que quiero, sino el mal que no quiero". (Romanos 7:19) Este es el dilema esencial que todo cristiano confronta cuando trata de caminar con Dios y vivir las enseñanzas de Jesucristo.

Así que, ¿cuál es el verdadero problema?

Mira las noticias de la tarde y rápidamente llegarás a la conclusión que el mundo es un desorden. No conozco a nadie que diría que el mundo está yendo en una gran dirección. Como padre de niños pequeños me preocupa el mundo que habrán de heredar. Muchos abuelos tratan de no pensar en el mundo que sus nietos experimentarán porque los llena de ansiedad. Han visto suficiente del cambio para reconocer cuán perturbadoras son las tendencias.

¿Cómo llegó el mundo a ser un desorden? ¿Quieres la *verdad* o una respuesta endulzada? Muchas personas podrían darte muchas razones, respuestas, y excusas diferentes, pero la mayoría enfocaría solamente un aspecto del desorden. Hablarían del sufrimiento y de la muerte, del colapso de la familia, de la pobreza y de la agitación económica, o de la crisis ambiental; pero todo eso son solamente síntomas. ¿Cuál es la enfermedad?

Si tienes el flú, los síntomas pueden ser dolor de garganta, una tos perruna, fiebre, te corre la nariz, y sientes malestares y dolores; pero la única manera de arreglar los síntomas es curando la enfermedad.

Mas volvamos a la pregunta: ¿Cómo llegó el mundo a ser un desorden? La gran respuesta es que las personas son pecadoras y le dan la espalda a Dios.

La enfermedad es el pecado. El pecado es el verdadero problema. Y lo cierto es que el pecado nos hace infelices.

Nunca fue la intención de Dios que sufriéramos y muriéramos. Su idea original fue que viviéramos en el paraíso para siempre. El plan original de Dios fue que reinara la paz entre El, el hombre, y el ambiente para siempre y que hubiera armonía entre todos los hombres y las mujeres. El sufrimiento y la muerte son el resultado directo del pecado.

Piensa en Gedeón en el Libro de los Jueces. Todo este libro de la Biblia es una serie de historias que ilustran a los israelitas alejándose de Dios y después volviendo a El. Cada vez que abrazaban el pecado y se alejaban de Dios su vida se volvía miserable. Cada vez que le volvían la espalda a Dios caían en otra forma de esclavitud. *El pecado siempre lleva a una u otra clase de esclavitud.* Mas cada vez que los israelitas volvían a Dios experimentaban paz y prosperidad.

Lo mismo nos pasa a nosotros. Cuando nos alejamos de Dios nuestra vida se vuelve miserable. Por supuesto, se puede tener placer en el momento, pero el placer es fugaz, no es sostenible, y después que el placer del pecado se ha desvanecido, sólo queda la miseria que deja inevitablemente. Y todo pecado hace que el mundo sea un poquito más desordenado.

El pecado y el mal son reales. Y no son algo que está "ahí afuera". Están en ti y en mí. Cada uno de nosotros tiene la capacidad para la virtud y el bien, mas también tenemos la capacidad para el pecado y el mal. Estas cosas están en nosotros y tenemos que aceptarlo si vamos a vivir la vida plenamente de la manera que Dios quiere que lo hagamos.

Así que, ¿qué es el pecado? La palabra griega en el Nuevo Testamento significa "fallar la marca". Si estuvieras tirando una flecha a un objetivo, esto significa que no sólo fallarías el blanco, sino todo el objetivo. Todo pecado, grande o pequeño, es en cierta forma un rechazo de la mejor versión de nosotros mismos.

Usualmente se habla del pecado como una conducta equivocada o inmoral; y lo es, pero la única manera de comprender verdaderamente el pecado es en el contexto de la relación entre Dios y la humanidad. Dios es infinitamente bueno y todas Sus obras son buenas. Es por Su bondad que nos creó a Su imagen y para el bien (Génesis 1:27–31).

El pecado es más que una mala conducta simplemente. Es el rechazo o la destrucción de algo bueno. No se puede destruir algo bueno sin rechazar *la bondad misma*. Dios es bondad, de modo que todo pecado es de alguna manera un rechazo de Dios. Es por esto que la dimensión más devastadora del pecado es la separación de Dios. El pecado rompe nuestra relación con El, pone obstáculos entre nosotros y El.

Tenemos una larga historia de alejarnos de Dios, de ofenderlo y rechazar Su bondad – es aquí donde Jesús entra en la historia.

La reclamación fundametal del cristianismo es que Dios se hizo hombre en Jesús, que murió en la cruz para expiar nuestros pecados, y que resucitó de entre los muertos para liberarnos de la muerte. Mas Jesús también vino para mostrarnos la mejor manera de vivir. Nadie puede enseñarte más sobre la mejor manera de vivir que Jesús.

Prueba esto. Lee el Evangelio de Mateo. Mientras lees sobre lo que Jesús enseñó, pregúntate, ¿son estas las soluciones para el desorden en que el mundo está hoy? Creo que descubrirás que Jesús tiene el antídoto para el desorden del mundo. Jesús es la solución.

¿Qué significa esto para ti y para mí?

Es fácil decir que el mundo es un desorden; pero el asunto es que mientras más me doy cuenta de quién soy realmente, más descubro que yo también estoy un poquito desordenado. Todos los días hago cosas que no me ayudan a convertirme en la mejor versión de mí mismo. Y la mayor parte del tiempo, en realidad no quiero hacer estas cosas. Al igual que Pablo escribió, "De hecho no hago el bien que quiero, sino el mal que no quiero". (Romanos 7:19)

Soy capaz de un bien increíble, pero a veces le doy la espalda a Dios y a Su bondad. Algunas veces lo hago porque soy terco, y otras porque soy egoísta y simplemente quiero lo que quiero.

La verdad es que soy un pecador, y los pecadores necesitan un salvador. El mundo es un desorden y yo también, pero Jesús vino para arreglar el desorden. Esa es una buena noticia.

El problema es el pecado. No nos gusta hablar de eso, pero no hablar de eso nos deja tratando cosas intrascendentes sin llegar a ningún resultado, tratando desesperadamente de mejorar nuestra vida ignorando el verdadero problema. Si no hablamos del pecado – realmente hablar del pecado y comprender cómo afecta nuestra vida – no podemos empezar a resolver los problemas de nuestra vida. O los problemas del mundo. Si echamos el pecado a un lado, nos encontramos tratando con los síntomas constantemente en lugar de tratar la enfermedad.

¿Cuáles son los diez problemas principales en el mundo hoy día? Haz una lista. Podemos discutir el orden y quizás nuestras listas variarían un poco; pero en esencia, es probable que estaríamos de acuerdo acerca de los más grandes problemas del mundo. Estos son síntomas simplemente. La enfermedad es el pecado.

La ciencia, la política, la economía, el activismo no pueden resolver el problema del pecado.

¿Cuáles son los problemas dominantes en tu vida? ¿Cómo están conectados con el pecado? Hay una relación de causa y efecto entre los síntomas y la enfermedad, entre los problemas de nuestra vida y los del mundo y el pecado.

De modo que si el pecado es el problema, ¿cuál es la solución? No, la respuesta no es cuál sino quién. Jesús es la solución.

Es imposible hablar honestamente sobre Jesús sin hablar sobre el pecado. Eso no significa que tenemos que empezar con el pecado, pero más tarde o más temprano, si realmente vamos a progresar, la conversación tiene que girar hacia el pecado– y no de una manera estéril y académica simplemente, sino de una manera profundamente personal. El pecado es profundamente personal.

También es imposible entender a Jesús sin considerar el pecado. Fue el pecado lo que quebrantó y continúa quebrantando la relación de la humanidad con Dios. Jesús vino para reconciliar a la familia humana con Dios y lo logró muriendo por nuestros pecados. No le prestamos atención a esta idea porque estamos tan familiarizados con ella; pero pregúntale a alguien a quien le haya sido perdonada una deuda aplastante, y te hablará sobre la abrumadora gratitud que sintió (y sigue sintiendo) por habérsele dado una segunda oportunidad. La muerte brutal de Jesús en la cruz merece nuestra más profunda reflexión. La tentación es volver la vista, alejarse – así como volvemos la vista de nuestro pecado.

Hay momentos en que sentimos que Dios no está con nosotros; pero en realidad, lo contrario es verdad. Nosotros no estamos con Dios. No es que Dios nos haya abandonado, sino que nosotros hemos abandonado a Dios.

¿Has querido dejar de leer este libro durante esta sección? Tenemos una aversión natural a hablar del pecado. Es normal. Tenemos la tendencia a correr de nuestro pecado y esconder nuestra vergüenza; pero de lo que corremos no se acerca en importancia a aquello hacia lo que estamos corriendo. Corramos hacia Jesús.

De manera que sí, el problema es el pecado. No es un problema que está allá en algún lugar; no es el problema de alguna otra persona; es mi problema y tu problema. Es algo con lo que cada quién tiene que decidir luchar. Puedes tratar de correr de él como un cobarde, pero más tarde o más temprano descubrirás que es inútil. No puedes correr de ti mismo. Puedes confrontar este problema con todo el valor que puedas reunir, y luchar con él con toda tu fuerza, y aún habrá días en los que te derrote. En esos días, levántate, sacúdete y empieza de nuevo.

PUNTO PARA REFLEXIONAR: El pecado te hace infeliz.

VERSÍCULO PARA VIVIR: "Crea en mí, oh Dios, un corazón puro, renueva en mi interior un firme espíritu". SALMOS 51:12

PREGUNTA PARA MEDITAR: ¿Cuáles son tus tres pecados más frecuentes?

ORACIÓN: Señor Jesucristo, Hijo de Dios, ten misericordia de mí y sálvame de mis pecados.

TREINTA Y TRES
Cómodamente Cómodo

UNA DE LAS GRANDES TENTACIONES DE LA
vida es ponerse cómodo.

¿Te gusta estar cómodo? Sí, ¡a mí también! Cuando entro en un avión hay demasiado calor o demasiado frío. Me irrita no encontrar la comida que me gusta fácilmente. Si las almohadas del hotel no son exactamente como a mí me gustan, me pone de mal humor.

Me gusta la comodidad. – y hay tanta comodidad disponible. Es tan fácil hacer de la comodidad una prioridad en nuestra vida. Esto lleva a que nos hagamos adictos a la comodidad. Entonces, hasta la más ligera incomodidad nos hace irritables, inquietos, y descontentos. En poco tiempo, nos convertimos en esas personas que explotan de ira ante lo más insignificante.

Hace un par de semanas, estaba hablando con un amigo y él dijo algo que realmente me hizo detenerme y reflexionar: "Todo el mundo está buscando una manera más fácil, más suave". Es una generalización. Puede no ser cierto para *todo el mundo*. Pero con seguridad parece ser verdad para la mayoría de las personas. Queremos que la vida sea más fácil. Queremos que nuestro camino sea más suave. Queremos estar cómodos.

¿Es la comodidad buena para nosotros? ¿Es el camino cómodo el camino del cristiano? No parece serlo. Esta no es mi opinión simplemente. Hay muchas cosas que no parecen claras cuando leemos los Evangelios, pero el criterio general para seguir a Jesús es muy claro. En el Evangelio de Mateo leemos, "El que quiera seguirme, que renuncie a sí mismo, cargue con su cruz y me siga". (Mateo 16:24) Niégate a ti mismo. Jesús fue claro. No prometió, ni siquiera hizo alusión a un camino fácil. No prometió comodidad. Prometió todo lo contrario. Estableció negarse a sí mismo como la condición principal del discipulado, y prometió que cada uno de nosotros tendría una cruz que cargar.

¿Por qué no quiere Jesús que estemos cómodos? La razón es sencilla, profunda, y práctica: No quiere que olvidemos que solamente estamos de pasada en este mundo. Somos peregrinos. Cuando estamos cómodos empezamos a comportarnos como si fuéramos a vivir en esta Tierra para siempre – y no es así.

Si nuestra vida se ha vuelto cómoda, quizás sea una señal de que nos hemos alejado del camino del Evangelio. ¿Cuándo fue la última vez que te negaste a ti mismo? ¿Fue algo grande o pequeño?

••◉••

Uno de los muchos aspectos del Evangelio que me fascina es cuán increíblemente práctico es. Conectándonos a este sentido práctico del Evangelio es como alcanza todas las facetas de nuestra vida. Por ejemplo, hay una conexión directa entre la habilidad de una persona para tener éxito y su habilidad y disposición para demorar la satisfacción. ¿Cómo se desarrolla esta habilidad para demorar la satisfacción? Practicando el hábito del Evangelio de negarnos a nosotros mismos.

Nada influirá más tu éxito o tu fracaso que tu habilidad (y tu disposición) para demorar la satisfacción. No puedes tener un matrimonio exitoso ni pueden prosperar tus finanzas personales sin ella. No puedo pensar en una carrera noble en la que puedas tener éxito ni que puedas mantener un alto nivel de salud sin ella. No se puede ser exitoso como padre o como madre, ni se puede desarrollar o mantener una vida espiritual vibrante sin ella.

La habilidad para demorar la satisfacción, para negarse a sí mismo, es una técnica esencial de la vida. Así que desarrolla el hábito de negarte a ti mismo de maneras pequeñas una docena de veces al día. Cada vez que lo hagas es un ejercicio espiritual, una flexión espiritual que fortalece el alma. Esto le permite al alma responder a la gracia y escoger lo que es bueno, verdadero, noble, y justo cada vez más en toda situación.

Toma un vaso de agua cuando preferirías tomar una soda. Fuérzate a hacer ejercicios cuando preferirías no hacerlo. Toma el camino largo para llegar a tu casa cuando estás impaciente por llegar. Come pescado cuando deseas un bistec. Espera cinco minutos antes de hacer algo que quieres hacer ahora mismo.

Hay algo acerca de negarnos a nosotros mismos que disuelve nuestros puntos ciegos y nos permite ver las cosas como realmente son. Negarnos a nosotros mismos en cosas pequeñas constantemente nos da la claridad de corazón, mente, y alma para ver el presente para lo que realmente es y el futuro para lo que aún puede ser. También nos permite vernos como realmente somos, y ver en nosotros esa mejor versión de nosotros mismos para la que Dios nos creó. Negarnos a nosotros mismos diariamente nos permite ver que somos pecadores, pero también nos abre a la gracia que necesitamos para superarlo.

A lo largo del libro, he usado la expresión "dejados a nuestros propios recursos". ¿Qué significa eso? Significa estar sin la gracia de Dios y la responsabilidad de la amistad y la comunidad. Cuando las rechazamos, nos volvemos egoístas. Este egoísmo se manifiesta de mil maneras distintas, pero cada una despierta el ego.

Si quieres ser un mejor cristiano, empieza por negarte a ti mismo.

PUNTO PARA REFLEXIONAR: Estar demasiado cómodos, con demasiada frecuencia, nos debilita mental, corporal, y espiritualmente.

VERSÍCULO PARA VIVIR: "El que quiera seguirme, que renuncie a sí mismo, cargue con su cruz y me siga". MATEO 16:24

PREGUNTA PARA MEDITAR: ¿De qué manera te puedes negar a ti mismo hoy?

ORACIÓN: Jesús, gracias por todas las comodidades de este mundo; ayúdame a discernir cuándo son buenas para mí y cuándo no.

TREINTA Y CUATRO
Dos Preguntas Conflictivas

LA VIDA NO SE TRATA DE OBTENER LO QUE
quieres.

Las preguntas juegan una parte importante en nuestra vida.
Si haces preguntas incorrectas, siempre obtendrás respuestas
equivocadas. No importa cuánto tiempo pases tratando de
buscarar la respuesta a la pregunta incorrecta, y no importa
cuán inteligente seas – las preguntas incorrectas nunca llevan a
respuestas correctas.

¿Qué pregunta te preocupa en este momento de tu vida? ¿Es la
pregunta correcta?

El mundo dice que en tu vida la pregunta preeminente es: ¿Qué
quieres? Pero la vida no se trata de obtener lo que quieres. Sin sin
embargo, al mismo tiempo, es bueno, saludable e importante *saber*
lo que quieres.

¿Sabes qué quieres?

¿Pasas tiempo pensando en lo que realmente quieres? Si eres
como la mayoría de las personas, no tienes mucho tiempo para
pensar en algo. ¿Cuándo fue la última vez que hiciste un tiempo
para ir a caminar por un buen rato o para sentarte en un sillón y

MATTHEW KELLY

pensar en una simple pregunta? Las cosas más importantes de la vida casi nunca son urgentes. Lo cual tiene como resultado que la mayoría de las personas no hace tiempo para pensar realmente en la vida y no sabe verdaderamente lo que quiere.

Puedes decir que quieres más dinero, un trabajo mejor, casarte, tener un bebé, perder peso, una vacación fabulosa ... mas ¿qué está detrás o debajo de todos estos deseos?

Los motivos pueden enseñarnos tanto sobre nosotros mismos. Estudiando nuestros motivos podemos crecer de una manera exponencial en nuestra vida espiritual.

La cuestión acerca de los motivos es que muy raras veces hay un simple motivo para algo.

Pregúntate por qué. ¿Por qué quieres más dinero? Para poder pagar tus cuentas. Está bien. ¿Por qué más? Para no sentirte ansioso acerca de que se te acabe el dinero. Muy bien. ¿Por qué más? Para que los que te rodean te respeten más. ¿Es eso saludable? ¿Por qué más? Para poder darle a tus hijos una vida mejor. ¿Por qué más? Para que no tengas que trabajar y seas responsable y disciplinado con el dinero. Está bien. Eso podría ser un problema.

La cuestión acerca de los motivos es que están en una red enredada y desenrollada. Muy raras veces tenemos un solo motivo para algo.

Dios nos dio la habilidad para desear. Desear es humano y nos ha sido dado por Dios. Es saludable y bueno explorar nuestros deseos, porque con frecuencia Dios nos habla a través de ellos. Pero el proceso es complicado debido a nuestros deseos desordenados que, pueden ser tantos y gritan tan alto que no podemos oír la voz de Dios hablándonos por medio de los deseos más profundos de nuestro corazón.

En última instancia, explorar lo que realmente queremos nos guiará en la dirección correcta si tenemos la disciplina de la reflexión, la persistencia interminable, y una conciencia de sí mismo siempre en aumento. Mas es un camino dolorosamente lento hacia donde todos queremos ir.

Hay otra manera. Hay otra pregunta. ¿Qué quiere Dios?

A medida que volvemos a descubrir a Jesús y consideramos todo lo que ha pasado en Su Nombre, una de las preguntas que merece que meditemos en ella es: ¿Qué quiere Jesús? Haz un momento. Piensa en esa pregunta. ¿Qué crees que quiere Jesús?

Encontramos la respuesta en el capítulo 15 del Evangelio de Juan. Jesús acaba de describirse como la vid, a Dios Padre como el labrador, y a ti y a mí como las ramas. Después siguió diciendo, "Les he dicho todas estas cosas para que mi alegría esté en ustedes y su alegría sea completa". (Juan 15:11)

El quiere compartir Su alegría con nosotros, Quiere que tu alegría sea completa. El quiere lo que tú quieres. Debajo de todo eso, en lo profundo de tu ser, ¿Qué es lo que tú realmente quieres? Tú quieres una alegría completa. Quieres la clase de alegría que sólo Dios te puede dar.

Hay dos preguntas luchando en nuestro corazón: 1)¿Qué quiero? 2)¿Qué quiere Dios? Con el tiempo descubrimos que lo que realmente queremos, en lo profundo de nuestro interior, es lo que Dios quiere para nosotros. La sabiduría consiste en darnos cuenta de que es una locura querer algo que no sea lo que Dios quiere.

Una vez que nos demos cuenta de esto, podemos empezar la búsqueda diaria para encontrar Su voluntad en nuestra vida.

PUNTO PARA REFLEXIONAR: Las preguntas equivocadas siempre llevan a respuestas equivocadas.

VERSÍCULO PARA VIVIR: "Que el Dios de toda esperanza los colme de gozo y paz". ROMANOS 15:13

PREGUNTA PARA MEDITAR: ¿Te trae felicidad duradera obtener lo que quieres?

ORACIÓN: Jesús, por favor, recuérdame también cuando olvide que, en lo más profundo, lo que realmente quiero es Tu voluntad.

TREINTA Y CINCO

Alegría Completa

SÓLO DIOS PUEDE DARTE LA ALEGRÍA QUE TÚ quieres.

Tú quieres una alegría que sea duradera y completa. Este es un deseo hermoso. Quieres una alegría duradera en un mundo en el que tan pocas cosas parecen durar. Y tú quieres una alegría que sea para siempre – no momentos fugaces de placer, sino una alegría incesante, sin fin.

Tú quieres una alegría completa.

Puede ser que estemos confundidos acerca de qué traerá esa alegría completa. En distintos momentos de nuestra vida creemos que tantas cosas nos traerán la alegría que deseamos – personas, logros, o placeres – pero todas nos dejan deseándola.

Lo interesante es que Dios quiere que tengas una alegría completa. El te creó para eso. Jesús vino para que pudieras estar inmerso en una alegría completa. "Les he dicho todas estas cosas para que mi alegría esté en ustedes y su alegría sea completa". (Juan 15:11)

¿Es tu alegría una alegría completa? Si no lo es, ¿por qué no lo es? ¿Qué está mermando tu alegría? ¿Quién o qué está robándotela? ¿Qué está obstaculizando el camino hacia la alegría completa que Jesús quiere para ti? ¿Cómo estás dispuesto a trabajar por esa alegría? ¿Qué estás dispuesto a sacrificar para tener esa alegría completa? ¿Estás obstaculizando el camino hacia tu propia alegría

Y, quizás la pregunta en todo esto: ¿Ofrece el Evangelio el mejor camino hacia esta felicidad completa?

Si dices que no, está bien. Creo que estas equivocado, pero si tú piensas así honestamente, no hay una manera fácil y rápida. Tienes que explorar por qué te sientes así. ¿Cuál es el camino alternativo que es mejor que el Evangelio para guiar a las personas hacia la alegría completa que deseamos? ¿Tiene un récord o simplemente es algo que tú imaginas que te permite hacer lo que quieras bajo la falsa premisa que algún día, en algún lugar, de alguna manera te guiará hacia la alegría completa?

El Evangelio tiene un largo récord de guiar a las personas hacia la alegría completa. Podría mencionar mil ejemplos. Mas lo hermoso es que puedes probarlo por ti mismo y obtener una prueba instantánea.

Empieza a abrazar más el Evangelio – un poquito más, muho más; eso depende de ti. Pero empieza a vivir el Evangelio más cada día intencionadamente. A medida que lo haces, presta atención a la alegría que aumenta en ti. Presta atención a la claridad que tienes acerca de qué es y qué no es verdaderamente importante. Presta atención a la tensión y a la ansiedad a medida que disminuyen. Presta atención.

Creo que tú quieres lo que Jesús quiere. Este es uno de los descubrimientos clásicos de la jornada espiritual. En algún momento, al crecer en gracia y conciencia, descubrimos que de verdad queremos lo que Dios quiere para nosotros: la felicidad completa.

El Evangelio es una invitación a esa alegría completa y un camino seguro para obtenerla.

PUNTO PARA REFLEXIONAR: La gratitud es un camino seguro hacia la alegría.

VERSÍCULO PARA VIVIR: "Un corazón alegre mantiene al hombre con vida; la alegría prolonga su existencia".
SIRACIDES 30:22

PREGUNTA PARA MEDITAR: En realidad, ¿qué te proporciona alegría?

ORACIÓN: Jesús, déjame quitarme del camino para que Tú puedas llenarme con una alegría completa.

THIRTY-SIX

La Mentira Más Grande

LAS MENTIRAS DE ESTE MUNDO ABSORBEN nuestra vida destruyendo nuestra alegría.

Un caso poderoso puede hacerse con respecto a los Evangelios. Hay muchísimas evidencias de que la alegría que buscamos se puede encontrar aplicando las enseñanzas de Jesús a nuestra vida. De modo que ¿qué nos impide abrazar plenamente el Evangelio de Jesucristo?

Nuestro temor y nuestra fragmentación pueden ser un obstáculo. Dios nos invita a rendirnos totalmente y tenemos miedo de hacerlo. La cultura y todas sus distracciones pueden prevenir que veamos la belleza de la vida que Dios nos invita a vivir. La aversión por nosotros mismos, la falta de disposición para perdonarnos y perdonar a los demás, la parcialidad y los prejuicios nacidos de experiencias pasadas, la displicencia hacia los necesitados, el egoísmo – son verdaderos obstáculos en nuestra búsqueda para vivir las enseñanzas de Jesús de una manera auténtica.

También hay mentiras que están arremolinándose siempre alrededor del cristianismo. Estas mentiras pueden sembrar dudas en nuestro corazón y en nuestra mente, y socavar nuestra fe. Hay tantas mentiras circulando sobre los cristianos y el cristianismo. La mayoría son el resultado de la ignorancia. Algunas son el resultado de información errónea intencionada. Unas cuantas son un ataque malicioso personal en contra de Jesús en un intento para desacreditar la fe cristiana. Algunas de estas mentiras están dirigidas a nuestra teología y a nuestras creencias, y otras a la manera de vida cristiana.

Mas una mentira está ejerciendo un impacto diabólico en la vida de los cristianos modernos. Es la mentira más grande de la historia del cristianismo. Merece notar que esta mentira no es una que dicen los que no son cristianos. Es una mentira que nos decimos a nosotros mismos como cristianos.

Esta es la mentira: La santidad no es posible.

La gran mayoría de los cristianos modernos en realidad no creen que la santidad es posible. Seguro, creemos que es posible para nuestras abuelas o para algún santo medioeval – no para nosotros. En realidad, no creemos que la santidad sea posible para nosotros.

Examina tu corazón. ¿Crees que la santidad es posible para ti?

No estoy seguro de cuándo o dónde esta creencia empezó a dominar la vida espiritual de los cristianos y de la Iglesia. No cabe duda que se trata de un complejo de razones y excusas psicológicas que causan que aceptemos y creamos esta mentira. Es diabólica en su sutileza, un genio del mal en su simplicidad.

Es increíble que una simple mentira pueda neutralizar a la mayoría de los cristianos. Eso es, neutralizar. Esta mentira nos saca del juego y nos convierte en simples espectadores en la historia épica del cristianismo. Puede que sea el mayor triunfo del demonio en la historia moderna. Es el holocausto de la espiritualidad cristiana.

Todos los días nos decimos y les decimos a los demás de mil maneras: La santidad no es posible. Pero eso es mentira. Y no podemos experimentar la alegría completa que Dios quiere para nosotros – y que nosotros queremos – hasta que la sobrepasemos.

PUNTO PARA REFLEXIONAR: No puedes acercarte más a Dios si aceptas las mentiras del mundo.

VERSÍCULO PARA VIVIR: "El hombre bueno siente horror por la mentira". PROVERBIOS 13:5

PREGUNTA PARA MEDITAR: ¿Cuándo dejaste de creer que la santidad es posible para ti?

ORACIÓN: Jesús, protégeme de todas las mentiras que buscan construir una barrera entre Tú y yo, y recuérdame mi gran destino.

TREINTA Y SIETE

El Momento Santo

LA SANTIDAD ES POSIBLE.

La mentira que ha convencido a tantos cristianos de que la santidad no es posible es fácil de desmentir. Me entristece que no enseñemos a las personas cómo superar esta debilitante mentira. Y la verdad devastadora es que puede ser desmentida en unos noventa segundos. Echémosle un vistazo.

Supongamos que estamos tomando café juntos y yo te digo, "¿Puedes salir mañana y crear un momento santo?" No un día santo, o una hora santa, ni siquiera quince minutos santos – sólo un momento santo.

Probablemente preguntarás, "¿Qué es un momento santo?"

Un momento santo es aquél en el que estés siendo la persona que Dios te destinó para que fueras cuando te creó, y tú estés haciendo lo que sientes que Dios te está llamando a hacer en ese momento.

"Creo que lo entiendo", dices tú, "pero dímelo otra vez - ¿qué es un momento santo?"

Un momento santo es aquél en el que estés siendo la persona que Dios te destinó para que fueras cuando te creó, y tú estés haciendo lo que sientes que Dios te está llamando a hacer en ese momento.

"Está bien, lo entiendo", tú confirmas, y yo te pregunto otra vez, "¿ Puedes salir mañana y crear un momento santo?"

Seguro que puedes. No es abrumador. No es confuso. No requiere un intelecto masivo o un conocimiento raro de teología. Es accesible, posible de lograr, e inmensamente práctico. Y aquí tienes la verdadera cosa hermosa: puede ser multiplicado. Si puedes hacerlo una vez, puedes hacerlo dos veces. No necesitamos tomar café otra vez la semana próxima antes de que puedas crear tu segundo momento santo. Sólo necesitas aprender la lección del momento santo una vez. De ahí en adelante, puedes aplicarla tantas veces como decidas hacerlo.

Si puedes crear sólo un momento santo el próximo Lunes, puedes crear dos el Martes y cuatro el Miércoles, ocho el Jueves, y así sucesivamente. No hay límite para el número de momentos santos que puedes crear, más que tu deseo y la consciencia para aprovechar cada momento para Dios según se desarrolla.

Ahora, es importante notar que necesitas la gracia de Dios para crear momentos santos. El nunca te negará la gracia que necesitas. Nunca es la gracia de Dios lo que falta, sino más bien nuestra disposición para cooperar con Su gracia.

Aquí tienes algunos ejemplos de momentos santos:

- Comienza cada día con una breve oración de agradecimiento, dándole gracias a Dios por darte otro día de vida. Esta oración puede ser breve y sencilla; pero volverte a Dios en el primer momento del día es una gran manera de empezar y una manera fabulosa de preparar la escena para otros momentos santos a lo largo del día.

- Ofrécele a Dios las tareas menos agradables de tu día como una oración por alguien que esté sufriendo. El sufrimiento de esta persona puede ser físico, pero el sufrimiento viene en un número infinito de disfraces. Puede que conozcas a alguien que se siente miserable en el trabajo, o que está luchando en su matrimonio, o que tiene una adicción. Ofrece tu sufrimiento por esas personas así como Jesús ofreció Su sufrimiento en la cruz por nosotros.

- Controla tu carácter.

- Enseña pacientemente a alguien que no sabe cómo hacer algo o que hizo algo mal.

- Haz la excepción de hacer algo por tu esposa / esposo que preferirías no hacer, como un acto de amor intencional.

Las oportunidades para crear momentos santos están dondequiera. De hecho, cada momento es una oportunidad para la santidad. Aprender a aprovechar estas oportunidades, un momento a la vez, es fundamental para la vida cristiana.

La santidad es posible. Esta es la buena noticia de la que los cristianos en todas partes necesitan convencerse y necesitan recordar. Esta es la buena noticia que nos elevará de nuestro estado neutralizado e inactivo. Esta sola hermosa virtud nos transforma en personas de posibilidades. Abre puertas para vivir una vida increíble, la vida increíble que Dios nos creó para que viviéramos. La verdad que la santidad es posible abre nuestro corazón, nuestra mente, y nuestra alma a nuevas realidades.

Entre estas nuevas realidades está la alegría que viene de vivir el Evangelio. La mentira que la santidad no es posible nos priva de la alegría que Dios quiere que experimentemos. No necesitas trabajar duro por meses o años para crear momentos santos antes de que empieces a experimentar esta alegría. La alegría es inmediata. Cada momento santo trae consigo una inyección de alegría.

La santidad es posible — ¡para ti! ¡Pruébala hoy! Recuerda una y otra vez que es posible. Dite a ti mismo, "¡yo puedo hacer eso!"

PUNTO PARA REFLEXIONAR: La santidad es posible para ti.

VERSÍCULO PARA VIVIR: "La voluntad de Dios es que se hagan santos". 1 TESALONICENSES 4:3

PREGUNTA PARA MEDITAR: Antes que ahora, ¿alguna vez creíste que la santidad es posible para ti?

ORACIÓN: Señor, nunca dejes que olvide que la santidad es posible.

TREINTA Y OCHO

¿Y Qué Si?

¿ALGUNA VEZ HAS CONSIDERADO LA posibilidad de que todo es verdad?

La cultura está atacando al cristianismo constantemente, cuestionándolo todo y sembrando dudas. Con el tiempo, este socavar constante de la fe puede empezar a tener un efecto real en nosotros. Pero, ¿y si todo es verdad? ¿Y si todo lo que Jesús dice en los Evangelios es verdad?

¿Y si realmente tenemos que rendir cuenta por la vida que hemos llevado? ¿Y si el Cielo y el infierno, la alegría de la eternidad con Dios y el llorar eterno de la separación de El sí existen? La vida, la muerte, el Cielo, el infierno, Dios, la eternidad, el bien y el mal -¿y si todo es real?

Recientemente, un amigo compartió una carta que había escrito sobre "Y si" y se la había dado a cada uno de sus hijos y a sus esposas en su comida del Día de Acción de Gracias. El ha sido muy amable permitiéndome incluirla aquí.

Queridos Amy, Bruce, Emily, Katie, Ryan, y Andrew,

"¿Alguna vez se han detenido para preguntarse, '¿Y si todo es verdad?' ¿Qué quiero decir con eso? Bueno, estoy hablando sobre ¡todo lo que Jesús dijo, reveló y cumplió! Lo hemos oído, lo hemos escuchado, hasta hemos pensado sobre eso de vez en cuando.

Bien, durante el año pasado en particular he estado pensando mucho en eso. No puedo dejar de pensar en eso. Creo que está tan "presente en mi pensamiento" porque mi Padre Celestial quiere que lo acepte.

¿Qué significa realmente si TODO es verdad? Esto es lo que sé: Si lo es (y lo es), entonces nunca podré ser el mismo otra vez. No tan sólo una parte de mi vida, no solamente un aspecto aquí o allá, sino todo sobre mí ha de cambiar para siempre. Nunca podré ser el mismo otra vez.

Ahora, basta, espera un minuto – esa es una afirmación muy firme. Cierto, lo es. Ven, he llegado a darme cuenta de que todos tenemos que pasar la vida – por lo menos aquéllos que hasta le dan a Dios un momento en sus pensamientos y quizás en sus actos – cuidando nuestras posibilidades. ¿Qué quiero decir con eso? Bueno, queremos creer que todo lo que Jesús dice es verdad, pero tan sólo para tener la certeza, aún voy a confirmar que voy a estar suficientemente adelante tan sólo para tener la seguridad de que tengo un buen tiempo ahora y de que me van a cuidar. No estoy diciendo que no hemos de responsabilizarnos por nosotros mismos, particularmente proveyendo para las necesidades de la vida. Lo último que hemos de hacer es ser irresponsables. Lo que quiero decir es que cuidar de mí no es un fin en sí, sino más bien una plataforma de lanzamiento que me permita primera y principalmente cuidar de aquéllos que Dios me ha puesto en el camino.

Si paso mi vida preocupado por mí y por mi felicidad, viviré perdiendo la alegría más profunda que Dios tiene para mí.

Cuando uno se detiene, y llega a comprender y a creer profundamente que éste es solamente el comienzo de nuestro *eterno* caminar con Dios, nuestro Padre, todo es diferente instantáneamente, diferente para siempre. Se siente abrumado con la paz hermosa, profunda, llena de alegría, penetrante que viene de saber que se está en el hogar hoy y para siempre. El temor ha desaparecido para siempre. Uno es como un barco que viaja a lo largo de la costa de bahías seguras interminables. Tormentas pueden venir, pero la bahía está cerca. .

Uso la analogía de un barco, porque nuestro hogar con Cristo, nuestro nuevo estado de ser, no reside entre cuatro paredes; por el contrario, viaja con nosotros dondequiera que vayamos. Todos hemos sido "arrancados de la profundidad" y hemos sido puestos a navegar con el viento, pero con la seguridad de un barco que no puede ser vencido por tormentas, escasez, temor, ansiedad, hambre, frio, soledad, y desesperación. Es un barco en una nueva aventura siempre, pero simultáneamente anclando en una bahía segura, siendo abastecido constantemente.

Sólo tienen un Capitán, su Padre, quien es el Creador de todos y quien nos ama a todos. El no es "como" un Padre; El es su Padre. El es su Padre más verdaderamente que yo pueda serlo jamás. Esta es una diferencia definida, que es la base de todo lo que es verdadero. Su fe en la gracia salvadora de Cristo es un elemento de cambio. Vivan a plenitud barco-hijo y barco-hija y reciban la plenitud de Su amor y de Su cuidado constante. El es su verdadero Padre en todo momento y más allá de todo tiempo.

Este nuevo capitán bajo el cual viven y sirven es como ningún otro porque El los envía en una nueva libertad – una libertad que les permite hacer lo que deben hacer; navegar donde deben navegar; explorar y disfrutar lo que deben explorar y disfrutar. Sus manos están en el timón, pero El está siempre presente y a su lado mientras ustedes lo inviten a dirigirlos. Saquen valor, fuerza, y esperanza de El. El es lo más lejos que hay de un titiritero. El es el amigo más fiel que cualquiera de nosotros conocerá jamás.

Así que, ¿Y si todo es verdad? ¿Cómo cambiaría la manera en que enfocan la vida hoy y en todos sus mañanas? ¿Cómo impactaría las decisiones que tomen y las metas que persigan?

Cada uno de ustedes se encuentra en distintos momentos de su vida, como lo están sus esposos, y sus hijos. ¿Dónde los llevará su aventura y cómo seguirán adelante? ¿Serán como Pedro, cuidando sus posibilidades y mirando el oleaje? ¿O escogerán ver solamente la mano extendida de Jesús? Una mano que nunca les fallará. "¿Quién es éste, que hasta los vientos y el mar le obedecen?"

Al final es una decisión, una decisión individual que hay que tomar cada día y a cada hora. Pero siempre es la misma pregunta: "¿Es todo verdad, absolutamente todo?"

Tomen la decisión.

Con amor,

Papá

·•◆•·

Quiero sugerir dos ejercicios. Primero, escríbete una carta de y-si. Segundo, escríbele una carta de y-si a alguien en tu vida. Puedes decidir escribirles a tus hijos, o a tus padres, o a un viejo compañero de cuarto de la universidad, o a un amigo de un trabajo que tuviste, o a alguien que se cruzó en tu camino recientemente o hace tiempo

Algunas personas ignorarán una carta como esa; pero para otras será un momento que les cambiará la vida

·•◆•·

¿Y si? Es una pregunta que merece nuestra seria consideración.

Y si realmente todo es como Jesús lo explica, ¿quieres realmente estar en el lado equivocado cuando llegue tu momento?

Todos vamos a morir y, sin embargo, con frecuencia vivimos como si fuéramos a vivir para siempre. Si supieras que ibas a morir en un año, ¿cómo cambiarías tu vida? ¿Por qué estás esperando? La vida es corta. Con demasiada frecuencia damos por sentados la semana próxima y el mes próximo, y el año próximo. Hacemos planes para el futuro, sin saber si ese futuro nos será dado. Dios nos da vida un momento a la vez, y quiere que experimentemos la vida en cada aliento que tomamos.

Dios y la vida siempre han de encontrarse en el ahora. Vive cada ahora apasionadamente con Dios.

·•◆•·

Dios quiere que vivas la mejor vida posible.

Olvídate de ayer. Olvídate de todos tus ayeres. No puedes cambiarlos, Dios está más interesado en tu futuro que en tu pasado – pero ¡está sumamente interesado en tu ahora! Empezando ahora mismo, hoy, Dios quiere que empieces a vivir intencionalmente tu mejor vida.

¿Cómo es la mejor manera de vivir? Esta es la pregunta con la que han estado forcejeando los grandes pensadores de todas las épocas. Es también la pregunta con la que cada uno de nosotros lucha de una manera profundamente personal. Estamos buscando la mejor manera de vivir. Algunas veces es una búsqueda consciente y otra es una ansiedad inconsciente por algo más o diferente.

La mejor manera de vivir es una de las más grandes cuestiones de la vida; y cuál es esa manera es una pregunta que cada uno de nosotros tiene que responder por sí mismo. Yo he llegado a la conclusión que el Evangelio radical de Jesucristo es la mejor manera de vivir. He pensado mucho sobre esto, explorado docenas de filosofías alternativas y, tontamente, he tratado de llegar a mi propia manera interesada de vivir, pero todas ellas se quedaron cortas.

Estoy totalmente convencido de que la vida a la que Jesús nos invita en los Evangelios es la mejor manera de vivir. De hecho, estoy tan convencido, que aunque pudieras probarme que Dios no existe, que la eternidad no existe, y que después de morir simplemente dejamos de existir, todavía creería que las enseñanzas de Jesús ofrecen la mejor manera de vivir.

Yo soy un hombre práctico. El Evangelio funciona. Ayuda a todos los que lo abrazan a volverse ellos mismos cada vez más perfectamente. Celebra la dignidad del ser humano, lo cual es una verdad principal indispensable si hemos de comprender el mundo que nos rodea. Promueve relaciones fenomenales y alienta una comunidad vibrante y ordenada. Promueve relaciones correctas entre la humanidad y la naturaleza. Simplemente funciona. De una manera asombrosamente práctica,, el Evangelio es la respuesta para todas las preguntas profundamente personales de la vida y la luz que nos muestra el próximo paso a tomar en nuestra jornada. Simplemente, no hay una mejor manera de vivir.

Algunos días soy deplorablemente inadecuado en mis esfuerzos para vivir este Evangelio. A veces es porque soy pecador y egoísta y débil y estoy quebrantado. Otras veces es porque soy orgulloso, terco, resistente, arrogante, y estoy apegado a mis maneras. De modo que no, no siempre estoy a la altura de la invitación vivificante que Dios me extiende en el Evangelio. Pero sé esto: siempre soy más feliz cuando trato. Me he observado lo suficiente para saber que hay una conexión directa entre mi esfuerzo para vivir el Evangelio y la cantidad de alegría en mi alma

Yo no conozco una manera mejor de vivir. ¿Tú sí? El Evangelio es puro genio. Es la suprema visión del mundo, el manual espiritual más completo, y la mejor manera de vivir.

¿No es hora de que te entregues de todo corazón a la búsqueda de una vida de Evangelio?

PUNTO PARA REFLEXIONAR: Los chances de que todo sea cierto son muy altos.

VERSÍCULO PARA VIVIR: "Enséñame a que haga tu voluntad, ya que tú eres mi Dios; Que tu buen espíritu me guíe por un terreno plano ". SALMOS 143:10

PREGUNTA PARA MEDITAR: Si estuvieras muriéndote, ¿le prestarías más atención a tu salud espiritual de lo que lo haces hoy?

ORACIÓN: Jesús, guía mis palabras, mis pensamientos y mis actos, para que pueda vivir la mejor vida y convertirme en la mejor versión de mí mismo.

TREINTA Y NUEVE

Personas de Posibilidades

DIOS QUIERE LLENARTE DE ESPERANZA PARA que puedas ver las posibilidades.

Hay un tipo de persona que a todo el mundo le encanta tener trabajando en su equipo: la persona que hace que las cosas pasen. Pídele que se ocupe de algo y no tienes que volver a pensar en eso; no tienes que preguntarte si se ocupó de eso. Dale un problema, y salta y lo resuelve. Pídele que haga algo realmente difícil que nunca ha hecho antes y responde, "No hay problema; encontraremos la manera de hacerlo". Las personas así, son *personas de posibilidades*.

Los cristianos deben ser las supremas personas de posibilidades; pero con demasiada frecuencia somos personas de imposibilidades. Sugiere que algo nuevo o diferente se haga en tu comunidad y con frecuencia todo lo que oirás serán razones por las cuales no se puede hacer. "No tenemos suficiente dinero". "Demasiadas cosas están andando". "No va a funcionar". "La gente no vendrá". "Hemos tratado algo así antes".

Nuestras Iglesias deben ser lugares de posibilidades. Los cristianos más que cualesquiera otros deben ser personas de posibilidades; pero con demasiada frecuencia somos negativos, con la mirada baja y hacia atrás, sin alegría y comportándonos como personas de imposibilidades.

¿Soportaría el Espíritu Santo este pesimismo? El pesimismo pertenece a los esclavos de este mundo, no a los hijos de Dios. Esta clase de pesimismo tiene un hermano gemelo: el cinismo. Ambos son enemigos de la fe. Vivimos en un tiempo cínico. El cinismo estrangula la alegría, mata la esperanza, y llena nuestro corazón y nuestra mente de dudas.

Estos son tiempos de prueba para las personas de fe; pero cuando mi corazón está preocupado y mi mente es torturada, siempre vuelvo a dos verdades. La primera es ésta: el cristianismo nunca ha fallado. Simplemente, es incapaz de fallar. Muchos han fallado y no han vivido el cristianismo que profesan, pero ése es un fallo humano, no el fallo del cristianismo. Cuandoquiera y dondequiera que las enseñanzas de Jesús han sido tomadas en serio, los resultados han sido increíbles, y sin embargo sorprendentemente similares.

A través de la historia, una y otra vez, cuando alguien ha abrazado a Jesús y Sus enseñanzas de todo corazón, esa persona ha sido transformada de una sombra de su verdadero ser en un ejemplo brillante de lo que el ser humano es capaz en realidad cuando dejamos que Dios dirija nuestra vida. Hombres y mujeres de todos los credos que cruzan su camino con esa persona han sido retadas amorosamente a volver a considerar su vida. Muchos han sido ganados a nuevas y emocionantes relaciones con Dios por medio del ejemplo de esa persona. A cambio, ellos les propagan compasión, alegría y sabiduría a otras personas que cruzan su camino. Todo hombre y mujer que abraza las enseñanzas de Jesús desata el efecto del dominó increíble del amor a Dios y al prójimo.

El cristianismo funciona.

La segunda verdad a la que dirijo mi corazón y mi mente en momentos de desaliento es ésta: Si los cristianos se comportaran como cristianos, el mundo sería un lugar muy diferente. Hoy día hay dos billones de cristianos en el planeta. ¿Cuán diferente sería el mundo si los cristianos simplemente nos comportáramos como cristianos? Imagínalo.

Es hora de volver a enfocar la invitación esencial del cristianismo que se encuentra en los Evangelios. Es una invitación a la alegría completa que trajo Jesucristo.

Es hora de volver a descubrir a Jesús.

PUNTO PARA REFLEXIONAR: Abre tu corazón, tu mente y tu alma a las posibilidades.

VERSÍCULO PARA VIVIR: "Para Dios todo es posible"
MATEO 19:25

PREGUNTA PARA MEDITAR: ¿Has tratado alguna vez de vivir el cristianismo de todo corazón?

ORACIÓN: Señor, ayúdame a ver las posibilidades.

CUARENTA

Una Hora Poderosa

PUEDES APRENDER MÁS EN UNA HORA DE silencio que de libros en un año.

Hay tantos pasajes conmovedores sobre la vida de Jesús en los Evangelios – momentos de victoria monumental y momentos de decepción desesperada. Y sin embargo, para mí, algunos de los momentos más conmovedores son aquéllos en que Jesús demostró Su humanidad sin reparo.

Somos testigos de uno de esos momentos en la última noche de Su vida. Estaba orando en el Jardín de Getsemaní y les pidió a los discípulos que velaran con El. Se alejó una corta distancia para orar, y cuando volvió, estaban dormidos. Y les dijo: "¿De modo que no pudieron permanecer despiertos ni una hora conmigo?" (Mateo 26:40).

Jesús no quería estar solo. ¡Qué humano! Quería compañía. La humanidad de Jesús es algo hermoso. Me gustaría que pudiéramos vislumbrar más de Su humanidad a través de los Evangelios. Me encantaría saber cómo era Su sentido del humor, lo que esperaba y lo que temía. La divinidad de Jesús es asombrosa, y Su humanidad es igual de asombrosa.

Me encantan las iglesias que están llenas, abarrotadas, llenas de energía y entusiasmo. Me encanta ver una comunidad poner el grito en el cielo con una música fabulosa. Me encanta ver los terrenos de una iglesia convertidos en un hervidero de actividades, personas yendo de un lado para otro para asistir a algún tipo de ministerio o simplemente para pasar algún tiempo disfrutando la hermandad.

Mas también me encanta una iglesia vacía. Me encanta sentarme allí con nadie más que Dios y yo. Hay algo impactante en eso.

Tantos de nosotros le temen al silencio y son petrificados por la soledad; sin embargo, necesitamos algún silencio y alguna soledad para sentarnos con Dios y determinar quiénes somos y para qué estamos aquí, lo que más importa y lo que importa menos, para que podamos tomar grandes decisiones en nuestra vida, necesitamos eso.

Este es mi desafío final: en los próximos días, en algún momento, encuentra una iglesia vacía y siéntate con Jesús por una hora. No hagas grandes planes ni tengas grandes expectativas para esa hora. Simplemente siéntate con El, durante una hora completa. Simplemente permanece con El en silencio.

Puede ser incómodo al principio. Eso es natural. Cuando pasen unos minutos querrás irte. Querrás irte. Eso también es natural, porque vivimos en un mundo que dice que siempre tenemos que estar activos. Mas estar con Dios – la oración – es como la energía atómica: una contracción que produce una expansión. Nos alejamos del mundo (contracción) para poder vivir más plenamente en el mundo (expansión).

Dios no quiere que vivas en el pasado y con seguridad no quiere que vivas con tus temores. Dios quiere que vivas en Su poder ahora.

Di conmigo:

"Soy hijo / hija de un gran rey. El es mi padre y mi Dios. El mundo puede alabarme o criticarme. No importa. El está conmigo, siempre a mi lado, guiándome y protegiéndome.

No tengo miedo porque soy suyo / suya".

Dilo alto. Dilo con orgullo. Ponlo en la pared en algún lugar, y haz una pausa para recordarlo cada día.

Dios quiere que vivas en Su poder. La pregunta es: ¿Cómo?

Las personas no hacen nada hasta que son inspiradas. Pero una vez que son inspiradas hay casi nada que no puedan hacer. Con frecuencia pienso en los discípulos escondidos en el Cenáculo. Muertos de miedo, actuando con temor. Pero entonces viene el Espíritu Santo, y ¡he aquí! De repente están listos para salir y cambiar el mundo. ¿Cómo? Fueron inspirados. Fue mucho más que eso, fue la forma suprema de inspiración, pero quiero decir que la inspiración fue la diferencia.

La inspiración es la diferencia. Muchas personas son conocedoras, pero algunas mueven el corazón de hombres y mujeres, revuelven su alma, y los inspiran a actuar.

Inspírate. ¿Qué te inspira? ¿Qué puedes hacer cada día, cada semana, y cada mes que te mantenga inspirado para vivir en el poder de Dios? Puede ser tiempo en una iglesia vacía y silenciosa; cantar en el coro de la iglesia; leer grandes libros. Lo que sea, encuéntralo y aférrate a eso. Las personas necesitan inspiración para su alma igual que necesitan agua para su cuerpo.

Deja que Dios te inspire, que te llene con Su poder, porque El quiere enviarte a inspirar a otras personas.

¿A quién inspiraste hoy?

Espero que hayas disfrutado

Vuelve a Descubrir a Jesús

Ha sido un gran privilegio escribir para ti. Que Dios te bendiga

con un espíritu devoto y un corazón lleno de paz.

Matthew Kelly

EL INSTITUTO
CATOLICO DINAMICO

[MISION]

Volver a vigorizar la Iglesia Católica en los Estados Unidos desarrollando recursos de talla mundial que inspiren a las personas a volver a descubrir el genio del catolicismo.

[VISION]

Ser el líder innovador en la Nueva Evangelización ayudando a los católicos y a sus parroquias a convertirse en la mejor versión de ellos mismos.

Unanse a nosotros para infundirle una nueva energía a la Iglesia Católica.

¡Conviértanse en un Embajador del Católico Dinámico hoy!